내 몸의 조화로운 건강을 위해 반드시 알아야 할
한의사 사용법

내 몸의 조화로운 건강을 위해 반드시 알아야 할
한의사 사용법

초판 1쇄 인쇄 2025년 8월 13일
초판 1쇄 발행 2025년 8월 27일

지은이 김동규

발행인 백유미 조영석
발행처 (주)라온아시아
주소 서울특별시 서초구 방배로 180, 스파크플러스 3F

등록 2016년 7월 5일 제 2016-000141호
전화 070-7600-8230　　**팩스** 070-4754-2473

값 19,500원
ISBN 979-11-6958-227-8 (13320)

※ 라온북은 (주)라온아시아의 퍼스널 브랜드입니다.
※ 이 책은 저작권법에 따라 보호받는 저작물이므로 무단전재 및 복제를 금합니다.
※ 잘못된 책은 구입하신 서점에서 바꾸어 드립니다.

라온북은 독자 여러분의 소중한 원고를 기다리고 있습니다. (raonbook@raonasia.co.kr)

전문가 사용법 시리즈 009

내 몸의 조화로운 건강을 위해 반드시 알아야 할

한의사 사용법

How to use Doctor of Korean medicine?

★★★
한의사가 알려주는
25가지
평생 건강 보장법
★★★

| 김동규 지음 |

건강한 100세 시대의 키스톤은 몸의 균형!
내 몸을 이해하고 관리하는 최적의 동반자는 한의사다!

병으로 키운 다음 고생하며 치료받기 전에,
내 몸의 신호와 징후를 먼저 읽어내는 전문가와 함께하는 지혜!

한의사 김동규 원장이 알려주는
바람직한 한의사, 한의원 활용법을 알아보자!

RAON BOOK

| 프롤로그 |

***

병은 갑자기 오지 않습니다
-몸의 신호를 먼저 읽는 법-

"요즘 어디 불편한 데는 없으세요?"

"병원 갈 정도는 아닌데요…"

진료실에서 가장 자주 오가는 대화 중 하나입니다. 겉보기엔 멀쩡하고, 본인도 스스로 괜찮다고 느끼는 듯하지만, 조금만 더 이야기를 나눠보면 꼭 한두 가지씩은 나옵니다. 밤에 자주 깨서 깊이 못 자는 것 같다든지, 밥맛이 별로 없거나 먹고 나면 자꾸 더부룩하다는 이야기. 혹은 배변이 시원찮다든지, 아무 이유 없이 자꾸 피곤하다는 느낌. 병원에서는 "이상 없다"라고 했지만, 본인은 분명히 '뭔가 안 좋다'고 느끼고 있는 상태. 이런 경우, 한의원은 참 잘 맞는 공간입니다.

한의학은 병을 이름 붙이기 전에 먼저 몸이 보내는 '징후'를 보는 의학입니다. 몸이 아프기 훨씬 전부터 보내는 작은 변화들. 예민한 사람은 "어, 나 좀 이상한데?" 하고 자각하고, 그렇지 않은 사람은 무심코 넘기다가 어느 날 큰 병으로 이어지는 것을 보게 됩니다. 그 작은 신호들을 미리 알아채고, 필요하다면 치료하고, 때로는 생활습관을 고치며 방향을 바꿔주는 것이 바로 한의사의 역할입니다.

우리는 흔히 건강을 '아프지 않은 상태'로 생각하지만, 한의학에서의 건강은 단순히 병이 없는 상태가 아닙니다. 기운이 잘 돌고, 먹은 것이 잘 소화되고, 배설이 순조롭고, 잠을 자고 나면 개운하며, 계절과 환경에 잘 적응하는 몸. 다시 말해 '삶의 리듬이 끊기지 않는 상태'가 건강입니다. 그 리듬이 끊기 시작할 때, 몸은 다양한 방식으로 신호를 보냅니다. 소화가 잘 안 되거나, 대변이 불편하거나, 잠이 잘 안 오거나, 여성의 경우 생리가 흐트러지기도 합니다. 이런 모든 것들이 사실은 몸이 우리에게 보내는 언어입니다. 그 언어를 제대로 해석할 수 있는 사람이 바로 한의사입니다.

사실 진료실에서 "대변은 잘 보세요?"라는 질문을 자주 합니다. 그러면 "네 뭐…, 잘 봐요."라고 대답하시지만, 조금만 더 자세히 여쭤보면 대부분은 그렇지 않습니다. 대변을 하루에 몇 번 보는지, 며칠에 한 번 보는지, 상태가 어떤지, 본인은 잘 모르겠지만 뭔가 시원하지 않다고 하기도 하고요. 이런 소소한 증상들이 사실은 큰 단서가 됩니다. 몸의 순환이 잘 되고 있는지, 대사가 원활한지, 장이 제 역할을 하고 있는지를 짐작할 수 있는 중요한 힌트입니다.

한의원은 이런 '증상이 되기 전의 징후'를 살피고, 흐트러진 균형을 바로잡아주는 공간입니다. 갑자기 아픈 것이 아니라 서서히 흐트러져 가는 몸을 알아차리고, 그 흐름을 다시 다잡아주는 곳이지요. 특히 병명은 없지만, 분명히 몸이 안 좋은 경우, 예컨대 병원에서는 "정상입니다"라는 말을 들었지만, 본인은 분명 "정상이 아닌데요"라고 느끼는 상황. 바로 그런 애매하고 미묘한 몸의 상태를 진단하고 돌볼 수 있는 것이 한의학입니다.

이 책은 한의학을 공부하자는 책이 아닙니다. 한의원을 어떻게 활용하면 좋을지, 내 몸을 어떻게 살피면 좋을지 알려주는 '생활 속 한의원 사용 설명서'입니다. 몸은 정직합니다. 그러나 우리는 너무 자주 그 정직한 신호를 무시하고 살아갑니다. 잠을 못 자는 것이 일시적인 스트레스 탓이라고 넘기고, 대변이 이상한 건 그냥 요즘 음식이 안 맞는다고 넘깁니다. 그러다가 어느 날, 감당하기 어려운 병이 되어버립니다.

한의원은 그 '감당하기 어려워지기 전'의 지점을 다루는 곳입니다. 병을 크게 키우지 않고, 약 없이도 견딜 수 있는 몸을 만드는 곳입니다. 기초 체력을 회복하고, 몸의 리듬을 바로잡아주는 곳입니다. 그러기 위해선 내 몸을 잘 관찰하고, 이상 신호를 놓치지 않아야 합니다. 그리고 그 신호를 함께 읽어줄 수 있는 전문가가 필요합니다. 단지 "이상 없다"라는 검진 결과가 아니라, "왜 요즘 잠이 안 오지?", "왜 밥맛이 없지?"라는 질문에 함께 고민하고, 해답을 찾아주는 사람이 한의사입니다.

또한, 한의원은 단순히 '치료 받으러 가는 곳'이 아닙니다. 내 몸을 이해하고 관리하는 법을 배우는 곳입니다. 몸에 대해 민감해진다는 건, 약에 덜 의존하게 되는 가장 좋은 방법입니다. 약은 병을 없애줄 수는 있지만, 내 몸을 튼튼하게 만들어주진 않습니다. 반면, 한의학은 병의 원인을 이해하고, 그 원인을 만든 생활의 흐름을 바꾸어 병에 강한 몸을 만드는 데 집중합니다.

그 관점을 알게 되면 삶이 달라집니다. 통증이 오기 전에 신호를 감지하고, 무기력이 시작되기 전에 기운을 회복하고, 병명 없이도 치료가 가능하다는 것을 경험하게 됩니다. 그리고 그 변화는 반드시 의학 지식이 많아야만 가능한 것이 아닙니다. 몸의 언어에 조금 더 귀를 기울이고, 그 신호를 믿고, 필요할 때 전문가와 상의할 수 있는 태도. 그것만으로도 충분히 시작할 수 있습니다.

이 책은 당신이 한의원을 더 가깝고 똑똑하게 활용할 수 있도록 돕기 위한 책입니다. 머리로 공부하자는 책이 아니라, 몸의 변화를 몸으로 이해하는 책입니다. 진짜 건강은 병이 없다는 뜻이 아닙니다. 일상을 잘 살아갈 수 있는 에너지와 회복력이 있다는 뜻입니다. 그리고 그 회복력은 내가 내 몸을 얼마나 잘 이해하고 있느냐에서 비롯됩니다.

  이 책이 여러분의 생활 속 한의사 사용법, 그리고 진짜 건강을 위한 작은 출발점이 되었으면 합니다. 삶의 속도가 아무리 빨라져도, 몸의 신호를 먼저 읽을 수 있다면 우리는 건강을 놓치지 않을 수 있습니다. 이제는 아프고 나서 병원에 가는 시대에서, 아프기 전에 내 몸을 관리하는 시대로 넘어가야 할 때입니다. 한의원은 그 길을 함께 걸어갈 수 있는 좋은 동반자가 되어줄 것입니다.

— 김동규

차 례

프롤로그 / 병은 갑자기 오지 않습니다 : 몸의 신호를 먼저 읽는 법 • 4

1장
왜 한의사 사용법을
알아야 하는가?

- 건강한 100세 시대, 몸의 균형을 지키는 것이 답이다 • 17
- 한의원은 4차 진료기관이 아니다 : 여러 병원을 돌아다니다 가면 늦는다 • 22
- 한의사를 믿지 못하는 환자, 해줄 게 없는 한의사 • 28
- 병원 가기 전에 먼저 한의사를 만나는 게 이득이다 • 33
- 한방진료와 한의사를 아는 사람과 모르는 사람 • 38
- 한의사를 잘 선택하는 방법이 있을까? • 42
- 한의원, 목욕탕 가듯이 오세요 • 47

2장

한의사 만나기 전에
꼭 알아야 할 것들

- 한의학은 기성복이 아닌 맞춤양복입니다 · 55
- 몸이 본격적으로 아프기 직전엔 꼭 한의사를 만나라 · 61
- 시간 없다는 말이 병을 키운다 · 66
- 치료는 의사 혼자 하는 일이 아닙니다 · 71
- 동네에 믿을 만한 한의사 한두 명 알아두는 건 인생의 지혜 · 75
- 치료는 운동하는 것과 같습니다 · 80
- 한약은 간에 나쁘지 않습니다 · 85

3장

한의사가 알려주는
'평생건강' 보장받는 법

A. 몸의 신호를 읽는 법

- 니 똥 굵다? : 대변으로 읽는 건강의 비밀 · 93
- 물이 많아도 문제, 적어도 문제 : 몸속 물 이야기 · 99
- 땀으로 읽는 몸의 이상 신호 : 건강한 땀, 병든 땀 바로 알기 · 105
- 수족냉증, 증상은 하나라도 원인은 다양하다 · 109
- 어지럼증 : 원인에 따라 증상도 제각각 · 114

B. 마음과 소화기, 몸의 중심을 되돌아보다

- 익숙한 식사가 당신의 위장을 망가뜨리고 있습니다 · 121
- 감기도 아닌데 기침이 멈추지 않을 때 : 식도에서 시작된 문제 · 127
- 심열1 : 마음의 열을 내려라 – 불면, 소화불량의 원인 · 133
- 심열2 : 이제는 식히고 쉬어야 할 시간입니다 · 138

C. 통증, 겉만 보지 말고 흐름을 보자

- 허리가 아픈 진짜 이유는 따로 있다 · 145
- 허리 통증, 몸 전체를 돌아봐야 합니다 · 149
- '잘' 걸어야 좋은 운동이 됩니다 · 155
- 당신의 무릎, 아직 늦지 않았습니다 · 160
- 두통, 병이 아니라 신호입니다 : 이제 원인을 제대로 봐야 할 때 · 166
- "팔이 아프세요?" : 한의사가 알려주는 손목과 팔 통증의 진짜 원인 · 172

D. 피부는 내장의 거울입니다

- 열이 만든 피부의 경고 : 아토피를 다시 보는 한의사의 관점 · 179
- 건선, 단순히 피부병일까? · 184

E. 여성을 위한 몸의 언어 읽기

- 괜찮다고, 참지 마세요. 생리통은 몸이 보내는 신호입니다 · 191
- 아이가 생기지 않아 걱정이라면 : 난임을 대하는 한의사의 마음 · 196

F. 아이의 성장, 수치보다 흐름을 먼저 보세요

- 아이들의 키, 그건 건강이 증명하는 결과입니다 · 205
- 아이가 자랄 수 있는 환경, 성장호르몬보다 먼저 살펴야 할 것들 · 210

- "우리 애는 왜 밥을 안 먹을까요?" : 밥투정 뒤에 숨은 몸과 마음의 이야기 • 216
- "다리가 아프대요, 성장통일까요?" • 222

G. 한의원을 이해하는 첫걸음

- 내 몸을 지키는 진짜 면역 관리법 : 면역은 '강화'보다 '회복'이 먼저입니다 • 229
- 자율신경 실조 : 원인을 알 수 없는 몸의 이상, 여기에 있습니다 • 237

왜 한의사 사용법을
알아야 하는가?

"몸은 부품처럼 고치는 게 아닙니다.
균형을 바로잡아야 합니다."

건강한 100세 시대,
몸의 균형을 지키는 것이 답이다

"요즘 건강관리 어떻게 하고 계세요?"

진료실에서 이렇게 여쭈어보면 많은 분들이 비슷하게 대답하십니다.

"뭘요, 그냥 병원 한두 군데 다니고, 영양제 좀 챙겨 먹죠."

이제는 모두가 오래 사는 시대입니다. 병원은 가까이 있고, 약도 쉽게 구할 수 있습니다. 하지만 문득 이런 생각이 듭니다. 정말 우리는 건강하게 오래 살고 있는 걸까?

'100세 시대'라는 말이 익숙한 요즘, 정작 중요한 건 단순히 오래 사는 것이 아니라 '어떻게' 오래 사느냐입니다. 나이 들어도 아프지 않고, 스스로 식사하고, 걷고, 잠 잘 자고, 대소변을 볼 수 있는 삶. 그런 삶이야말로 진짜 건강한 노년입니다. 그런데 많은 분들이 말합니다.

"예전보다 병원은 더 다니는데, 몸은 점점 약해지는 것 같아요."

왜 그럴까요? 저는 진료실에서 자주 이렇게 말씀드립니다.

"몸은 부품처럼 고치는 게 아닙니다. 균형을 바로잡아야 합니다."

사람의 몸은 각 기관이 긴밀하게 연결되어 있는 유기체입니다. 어느 한 부분이 아프다고 그 부분만 고친다고 해서 해결되는 것이 아닙니다. 겉으로 드러난 증상은 단지 결과일 뿐, 그 증상을 만든 전체의 흐름이 틀어져 있는 경우가 대부분입니다.

예를 들어 소화가 안 되고 입맛이 없다고 하면, 위장만의 문제가 아닐 수 있습니다. 잠을 잘 못 자고 늘 피곤하다고 하면, 단순히 수면의 문제가 아닐 수도 있습니다. 이럴 때 단지 소화제를 먹고 수면제를 복용하는 식으로는 진짜 원인을 해결할 수 없습니다. 한의학은 이처럼 드러난 증상 너머의 원인을 살피는 의학입니다.

대변은 잘 보는지, 밥맛은 어떤지, 잠은 깊이 자는지. 이런 질문이 한의원 진료실에서 자주 오가는 이유가 있습니다. 겉으로는 사소해 보이지만, 이 질문들 속에 우리 몸의 균형 상태가 고스란히 드러나 있기 때문입니다. 몸의 균형이 깨지면 가장 약한 부분부터 신호를 보내기 시작합니다. 누군가는 변비나 설사로 나타나고, 누군가는 이유 없이 피곤하거나 잠을 설칩니다. 또 어떤 분은 짜증이 많아지고 쉽게 화를 내거나, 생리통이 점점 심해지는 경우도 있습니다. 이런 작은 변화들이 쌓이고 쌓여 결국 병이 되는 것입니다.

한의사는 이러한 흐름을 읽습니다. 증상 하나하나를 따로 보지 않고, 왜 이런 흐름이 생겼는지를 거슬러 올라가 전체를 바라봅니다. 그리고 그 흐름을 되돌려 몸이 스스로 균형을 회복할 수 있도록 도와주는 것이 바로 한의학의 치료입니다.

저는 종종 이렇게 표현합니다.

"한의학은 몸의 체온을 살피는 학문이다."

여기서 말하는 체온은 단순히 36.5도를 뜻하는 게 아닙니다. 몸 전체의 따뜻함, 순환, 생명력의 흐름을 이야기합니다. 발이 차고, 손바닥이 유난히 덥고, 얼굴이 자주 붓고, 배를 만졌을 때 뻣뻣하고 차가운 분들. 이런 사소한 단서들로 우리는 몸속의 불균형을 읽어냅니다. 그리고 그 균형을 회복시키는 데 집중합니다.

건강이라는 건 그렇게 거창하거나 복잡한 것이 아닙니다. 옛 어르신들이 말씀하셨던 "잘 먹고, 잘 자고, 잘 싸는 게 건강한 거지.", 이 단순한 기준이야말로 가장 정확한 건강의 척도입니다. 한의학은 이 단순함을 놓치지 않습니다. 병의 이름보다 몸의 흐름을 중시하고, 검사 수치보다 피부색, 말투, 맥박, 대변, 입맛, 잠의 상태를 봅니다. 그리고 그 작은 변화들을 통해 몸이 스스로 균형을 회복할 수 있도록 돕습니다.

현대의학이 급성 질환이나 외과적 수술에 탁월하다면, 한의학은 만성적인 불균형, 쉽게 설명하기 어려운 몸의 이상함을 다루는 데 강점을 지니고 있습니다. 병이 되기 전, 또는 병은 있지만 원인이 명확하지 않을 때, 한의학은 그 틈을 메우는 역할을 해냅니다.

하지만 몸의 흐름을 되돌리는 데에는 시간이 필요합니다. 그래서 한의학은 환자와 함께 길게 가는 의학입니다. 단지 병을 없애는 것이 아니라, 건강한 상태를 오래도록 유지할 수 있게 돕는 것. 그것이 우리가 추구하는 치료입니다.

진료실에서 저는 종종 환자에게 이렇게 묻습니다.

"요즘 뭐가 제일 불편하세요?"

그 질문 속에는 단순히 증상을 듣는 것이 아니라, 삶의 리듬, 몸의 흐름, 일상의 작은 불편함을 함께 읽고자 하는 의도가 담겨 있습니다. 그 흐름을 잘 읽어야 몸이 어디서부터 흔들리고 있는지를 볼 수 있기 때문입니다.

이제는 병을 쫓아다니는 시대가 아니라, 몸의 흐름을 지키고 균형을 유지하는 시대입니다. 건강하게 오래 살고 싶다면, 이제는 몸의 신호에 귀 기울이는 법을 배워야 할 때입니다. 내 몸을 오랫동안 편안하게 쓰기 위해, 지금 무엇을 해야 할지, 어떤 변화를 먼저 살펴야 할지, 그 여정을 함께 시작해보는 건 어떨까요? 그리고 그 여정의 길잡이로, 한의학은 아주 오래되고 동시에 매우 유용한 지도가 될 수 있습니다.

한의원은 4차 진료기관이 아니다
: 여러 병원을 돌아다니다 가면 늦는다

"여기저기 다 가봤는데, 이제는 한의원 한번 와보려고요."

진료실 문을 열며 이런 말씀을 하시는 분들을 참 자주 뵙습니다. 이미 수개월에서 수년에 걸쳐 몸이 불편했고 병원에서 이런저런 검사를 받아봤지만 늘 '이상 없음'이라는 말만 들었다고 하십니다. 약도 많이 드셔 보았고, 생활습관도 나름대로 조심하셨는데도 몸은 점점 더 지쳐간다고 하십니다. 그렇게 마지막이라는 심정으로 한의원을 찾게 되시는 거죠.

한의원은 왜 이렇게 '마지막'에 오는 곳이 되었을까요. 한의학이 과학적이지 않아서일까요? 아닙니다. 여전히 많은 분들이 '한의원은 병원 다니다가 안 되면 가는 곳'이라고 인식하고 있기 때문입니다. 마치 마지막 남은 희망처럼 여겨지는 것이죠.

물론 믿고 찾아와 주시는 건 감사한 일이지만 안타깝게도 그렇게 마지막에 오시면 할 수 있는 일이 많지 않을 때도 있습니다. 처음부터 치료했더라면 쉽게 해결될 수 있었을 문제도, 이미 증상이 오래되어 굳어지고 체력까지 소진된 이후에는 치료에 훨씬 더 많은 시간과 노력이 필요해지기 때문입니다.

한의학은 기능의학입니다. 구조적 손상이 발생하기 전에, 몸의 기능이 흐트러지는 단계에서 접근하면 더 효과적입니다. 예를 들어 소화가 안 되고, 배가 더부룩하고, 자주 체하고, 잠이 잘 안 오고, 두통이 잦고, 가슴이 답답하고, 어깨가 늘 뻐근한데 병원에 가서 CT, MRI, 혈액검사, 심지어 위내시경까지 다 받아도 별다른 이상이 없다고 나오는 경우가 참 많습니다. 그런데 본인은 분명히 불편한 겁니다. 이런 상황에서 많은 분들이 묻습니다. "검사에는 이상이 없다는데, 이게 다 신경성인가요?"

그럴 때 저는 이렇게 말씀드립니다.

"몸은 이유 없이 불편하지 않습니다. 지금은 단지 그 이유를 설명해줄 사람이 필요할 뿐입니다."

그 설명을 가능하게 해주는 도구가 바로 한의학입니다. 한의학은 단지 병의 유무를 찾는 것이 아니라 몸의 흐름을 살피는 의학입니다. 장은 제 역할을 하고 있는지, 간은 긴장되어 있지 않은지, 기운이 위로 치솟고 있진 않은지, 비위의 기운은 아래로 잘 내려가고 있는지를 봅니다. 그리고 이 흐름의 변화가 불편함의 근본 원인이 되고 있다는 것을 파악합니다.

특히 이런 흐름의 이상은 초기에 잡아주는 것이 훨씬 수월합니다. 마치 감기도 초기에만 잘 관리하면 금세 나을 수 있지만, 며칠을 넘기고 고열과 기침이 심해질 때까지 기다리면 결국 폐렴으로 발전하는 것과 같습니다. 흐름의 문제를 처음 생겼을 때 바로잡는 것이 가장 경제적이고 효율적인 치료 방법입니다.

한의학은 '기능의 변화'를 다루는 학문이기 때문에 '기능이 약해지고 흐름이 틀어지기 시작하는 순간'을 놓치지 않는 것이 핵심입니다. 그런데 현실에서는 병명이 생기고 나서야, 또는 병명이 생겼는데도 서양의학적 치료가 효과가 없을 때야 한의원을 찾아오십니다. 이미 몸이 한참 무너지고, 원래의 흐름이 상실되고, 체력이 고갈되고, 감각마저 무뎌진 후에는 치료 반응도 더딜 수밖에 없습니다. 초기엔 약만 잘 써도 크게 호전되실 분이, 시간이 지나면 몇 년씩 긴 치료 과정을 거쳐야 하는 일이 많습니다.

그래서 저는 자주 강조합니다.

"한의원은 네 번째 병원이 아니라, 첫 번째로 떠올릴 수 있는 병원이 되어야 합니다."

특히 요즘처럼 만성질환, 원인불명 증상, 스트레스성 장애가 많은 시대에는 한의학이 다룰 수 있는 영역이 훨씬 넓습니다. 불면증, 소화불량, 생리통, 만성두통, 과민성대장 같은 문제들은 검사보다 경험적 진단과 기능 회복이 중요한데, 바로 이 부분이 한의학이 가장 강한 분야입니다.

예를 들어보겠습니다. 과민성대장증후군 진단을 받은 30대 직장인이 있었습니다. 식후에 복통이 잦고 설사와 변비가 번갈아 나타나며 하루에도 몇 번씩 화장실을 들락거리는 생활이 1년 넘게 이어졌습니다. 병원에서는 스트레스 관리와 식이조절을 권유했지만, 실질적인 변화는 없었습니다. 이 분은 이미 체력도 떨어지고 마음도 지쳐 있는 상태로 저를 찾아오셨고, 진료 후 확인해 보니 장의 기능 문제 외에도 간기울결, 비위허약, 체열 불균형이 함께 나타나는 복합적인 상태였습니다. 이에 따라 한약과 식이조절을 병행하며 치료한 결과, 3개월 만에 일상생활이 훨씬 편해지고 화장실 걱정도 줄어들게 되었습니다.

이렇듯 몸이 아직 회복력을 갖고 있을 때는 작은 자극만으로도 큰 변화를 만들어 낼 수 있습니다. 하지만 오래된 증상은 몸이 그 상태에 익숙해져 버렸기 때문에 되돌리는 데 훨씬 더 많은 시간과 에너지가 필요합니다. 한의학은 열이 난다고 단순히 해열제처럼 열을 끄는 데만 집중하지 않고 왜 열이 나는지, 어디서부터 흐름이 꼬였는지를 살피고 그 원인을 풀어줌으로써 치료하는 의학입니다.

그래서 저는 환자분들에게 이렇게 말씀드립니다.

"조금이라도 이상하다고 느낀다면, 병명이 없을 때라도, 한의학적 관점에서 몸의 흐름을 한번 보는 게 가장 빠른 길일 수 있습니다."

사실상 지금의 한의원은 단순히 치료만을 위한 곳이 아닙니다. 건강을 관리하고 유지하는 곳이어야 하며, 그러기 위해선 더 이상 '마지막 희망'이 되어서는 안 됩니다. 오히려 '아직 괜찮을 때'부터 찾아야 하는 곳입니다.

몸은 늘 신호를 보냅니다. 피곤함이 쉽게 회복되지 않고, 자고 일어나도 개운하지 않으며, 예전과는 다르게 소화가 잘 안 되거나 감정 기복이 잦아졌다면 그것은 단지 '나이 들어서'가 아니라 '흐름이 틀어졌기 때문'일 수 있습니다. 그런 사소한 신호를 그냥 넘기지 않고 살피는 것, 그게 진짜 건강한 관리입니다.

한의학은 몸을 '돌보는 의학'입니다. 돌봄이란 고장 나고 나서 수리하는 것이 아니라, 고장 나기 전에 이상을 감지하고 균형을 바로잡는 것입니다. 그래서 한의원은 병원보다 먼저 떠올릴 수 있는, 건강한 사람이 미리 찾아가 조율을 받을 수 있는 공간이 되어야 합니다. 지금 몸 어딘가에서 자꾸 반복되는 신호가 있다면 너무 늦기 전에 한의학의 시선으로 그 흐름을 살펴보는 것, 그것이야말로 가장 현명한 선택일 수 있습니다.

한의사를 믿지 못하는 환자,
해줄 게 없는 한의사

"솔직히 한약이 효과가 있는 건지 잘 모르겠어요."

"이거 먹어도 되나 싶은 마음이 들어요."

진료실에서 종종 듣는 말입니다. 많은 분들이 '믿고는 싶지만 선뜻 믿어지지 않는' 태도로 한의원에 오십니다. 그 마음, 저는 이해합니다. 수많은 정보가 넘쳐나는 시대 속에서 한의학에 대한 설명은 절반은 과장이고 나머지 절반은 반박처럼 들릴 때가 많습니다. 그래서 어떤 설명을 들어도 선뜻 믿기 어렵고, 뭔가 내키지 않는 마음이 남는 거죠. 그러나 그 마음을 그대로 안고 치료를 시작하면, 결국 몸보다 마음이 먼저 회복을 거부하게 됩니다.

한 가지 분명히 말씀드릴 수 있는 건, 신뢰가 없는 상태에서는 제대로 된 치료가 이루어지기 어렵다는 사실입니다. 예를 들어 증상이 조금씩 나아지고 있는데도 환자분이 "이게 정말 약 때문일까요?" 하고 계속 의심을 품는다면, 그 회복은 오래가지 못합니다. 몸이 변화를 느끼고 받아들이기 전에, 마음이 스스로 그 변화를 지워버리기 때문입니다. 치료는 결국 '내가 좋아지고 있다'는 체험에서 의미를 찾게 되는데, 마음속 의심은 그 경험 자체를 불신하게 만들고 말죠.

한의학은 수치나 영상으로 딱 떨어지는 결과를 보여주기보다는, 몸의 흐름을 느끼고 반응을 관찰하며 효과를 확인하는 의학입니다. 그래서 환자의 '느낌'이 아주 중요한데, 그 느낌을 가로막는 가장 큰 벽이 바로 불신입니다. 한의학은 결국 '의심을 믿음으로 바꾸는 과정'을 포함하는 의학입니다. 단순히 약을 주는 사람이 아니라, 몸이 어떻게 반응하고 있는지, 어떤 흐름으로 회복되어 가고 있는지를 함께 읽어주는 사람이 바로 한의사입니다. 그래서 저는 처음 진료를 시작할 때 이렇게 말씀드립니다.

"처음부터 확신이 들지 않아도 괜찮습니다. 대신 내 몸이 지금 어떤 방향으로 가고 있는지를 함께 살펴보시죠."

저는 증상의 변화뿐만 아니라, 그 안에 담긴 의미를 같이 나누는 걸 중요하게 생각합니다. 예를 들어 잠이 조금 더 깊어졌다는 건 어떤 신호인지, 식후 답답함이 줄었다는 건 왜 중요한 변화인지, 배변이 규칙적으로 바뀌는 과정이 어떻게 전체적인 회복으로 연결되는지를 하나하나 설명해 드리려고 합니다. 그런 과정에서 환자분도 조금씩 믿음을 갖게 되고, 치료가 단순한 약 복용을 넘어서 몸 전체의 흐름을 다시 세우는 과정이라는 걸 체감하게 됩니다.

한의학은 대체로 빠른 결과를 약속하지 않습니다. 오히려 천천히 무너진 걸 천천히 다시 세우는 의학입니다. 그래서 더욱 '신뢰'라는 기반 위에서 이루어져야 합니다. 빠른 효과를 기대하거나 당장 변화가 보이지 않는다고 낙심한다면, 중간에 멈추게 되고 그만큼 회복의 흐름도 단절됩니다. 신뢰 없이 시작한 치료는 언제든 중단될 가능성이 높고, 그런 흐름 속에선 아무리 좋은 약과 침이라도 효과를 발휘하기 어렵습니다.

반대로, 신뢰가 형성되면 치료는 아주 유연하게 흘러갑니다. 예상하지 못한 반응이 나와도, 조정이 필요할 때도, 환자와 한의사 간에 열린 대화가 가능해집니다. 저도 물론 모든 걸 다 아는 것은 아닙니다. 어떤 경우는 처음 예상과 다르게 반응이 나올 수도 있고, 경과를 지켜보며 약의 구성을 바꿔야 할 때도 있습니다. 그런 상황에서도 신뢰가 있다면 서로 솔직하게 이야기하며 방향을 조율해 나갈 수 있습니다.

하지만 만약 환자분이 저를 온전히 믿지 못하고, 저는 그 눈치를 보며 조심스럽게 설명만 반복하는 상황이라면, 결국 치료는 그저 '시도'에 그치고 맙니다. 마음속에 '이게 정말 나한테 맞는 건가' 하는 불안이 계속 남아 있다면, 아무리 좋은 처방도 제대로 된 효과를 내기 어려워집니다.

저는 환자분에게 대단한 믿음을 요구하지 않습니다. 대신 제가 바라는 건, 의심보다는 관찰, 불안보다는 열린 마음입니다. 지금 당장 확신하지 않아도 좋습니다. 다만 변화가 생기면 그 변화를 같이 보고, 흐름을 함께 느껴보자는 것입니다. 몸이 보내는 신호를 함께 읽어주는 동반자가 되어달라는 의미입니다.

예전에 이런 분이 계셨습니다. 다른 병원에서 2년 넘게 치료를 받았으나 호전이 없었다며 마지막이라는 마음으로 저를 찾아오신 분이었습니다. 처음엔 한약이든 침이든 그냥 '한번 해보죠' 하는 마음으로 시작하셨고, 얼굴엔 늘 반신반의한 표정이 남아 있었습니다. 그런데 2주쯤 지나며 식욕이 조금 돌아오고, 잠이 편안해지고, 속이 더부룩하지 않다는 느낌이 들자 "이게 한약 때문인 걸까요?" 하고 조심스레 물으셨습니다. 그로부터 얼마 지나지 않아 "약을 안 챙겨 먹으면 뭔가 빠진 것 같아요"라는 말씀을 하셨을 때, 저는 아, 이분이 이제 자기 몸의 흐름을 믿기 시작했구나 싶었습니다.

그 믿음은 결과를 만들고, 그 결과는 다시 믿음을 강화합니다. 결국, 치료는 두 사람이 함께 만들어가는 여정입니다. 한의사가 방향을 잡고, 환자가 그 길을 따라가며 몸의 감각을 회복해가는 과정이죠. 그 여정의 출발점은 언제나 '신뢰'입니다. 신뢰가 있어야 변화를 관찰할 수 있고, 관찰이 있어야 흐름을 읽을 수 있으며, 흐름을 알게 되어야 진짜 회복이 시작됩니다.

한의학은 사람의 흐름을 다루는 의학입니다. 그 흐름은 오직 몸으로만 느끼는 것이 아니라, 마음으로도 함께 느껴야 온전히 작동합니다. 내 몸이 지금 어떤 방향으로 흘러가고 있는지를 느끼고 싶다면, 그 흐름에 마음부터 함께해주셔야 합니다. 그 믿음이야말로, 한의사가 환자에게 가장 간절히 바라는 첫 번째 처방입니다.

병원 가기 전에
먼저 한의사를 만나는 게 이득이다

"병원은 뭔가 확실히 아플 때 가는 곳 아닌가요?"

"한의원도 좀 심해져야 가는 거죠?"

이런 생각을 갖고 계신 분들이 여전히 많습니다. 그래서 대부분은 몸이 아예 망가지거나, 참다 참다 더는 버티지 못하겠을 때 병원에 가고, 거기서도 별 소득이 없을 때 비로소 한의원을 찾아오곤 합니다. 진료실 문을 열며 "이제는 마지막이라 생각하고 왔어요"라는 말을 하시는 분들을 참 많이 만납니다. 그 마음도 이해하지만 저는 그런 분들께 늘 이렇게 말씀드립니다.

"조금만 더 일찍 오셨으면 훨씬 쉬웠을 텐데요."

이건 단지 아쉬움의 표현이 아닙니다. 실제로 한의학은 병이 되기 전에 다가가는 것이 훨씬 더 효과적이고 빠르며, 무엇보다 치료가 훨씬 수월해지기 때문입니다.

한의학은 애초에 병이 되기 전의 상태, 즉 '미병(未病)'을 다루는 데 강점이 있습니다. 미병이란 병으로 진단되지는 않았지만 몸의 균형이 무너지고 있는 상태를 말합니다. 몸은 늘 우리에게 작은 신호를 보냅니다. 입맛이 떨어지거나 잠이 얕아지고, 손발이 차가워지거나 가슴이 답답하고, 기분이 자주 가라앉거나 화가 쉽게 나는 것. 이런 현상은 단지 스트레스 때문이 아니라, 우리 몸 내부의 흐름이 어딘가에서 꼬이고 있다는 신호입니다. 그런데 이 신호를 '피곤해서 그렇겠지', '좀 쉬면 낫겠지' 하고 그냥 넘겨버리는 경우가 많습니다. 그러다 결국 상태가 더 심해지고 나서야 병원 문을 두드립니다. 그러나 이 시점에서는 이미 흐름이 굳어져 있고, 기능적 불균형이 구조적 문제로 번진 경우가 많아 치료에 훨씬 더 많은 시간과 노력이 필요해집니다.

진료실에서 자주 만나는 유형 중 하나가 이런 분들입니다.

"요즘 잠이 잘 안 와요. 입맛도 별로 없고요. 그렇다고 아프다고 하긴 애매한데, 그냥 몸이 이상해요."

이런 분들은 대개 병원에 가서 피검사도 하고 영상검사도 받아보지만 별다른 이상이 없다는 이야기를 듣고 돌아오십니다. 그리고 그때쯤 되어서야 한의원을 찾으십니다. 하지만 한의학은 이런 '이상하지만 병명은 없는 상태'를 결코 가볍게 보지 않습니다. 오히려 그 상태가 한의학의 치료 타깃입니다. 입맛이 떨어졌다는 건 단순히 식욕의 문제가 아니라 비위의 기운이 약해졌다는 신호일 수 있고, 잠이 얕다는 건 간의 열이 과도하거나 심장의 균형이 흐트러졌다는 의미일 수 있습니다. 한의사는 이런 작은 단서들을 통해 지금 몸이 어디에서 무너지고 있는지를 읽어냅니다.

한 분은 출산 후에 이유 없이 계속되는 피로와 무기력감을 호소하며 내원하셨습니다. 병원에서는 "산후우울증이나 육아 스트레스 때문일 것"이라는 말만 들었고, 여러 병원도 가보았지만 별 효과를 보지 못했다고 하셨습니다. 진맥과 문진을 통해 살펴보니, 출산 후 기혈이 크게 손상되었고, 그 상태에서 육아에 전념하면서 몸의 기운은 더 고갈되고, 간은 긴장하며, 심장은 불안정해져 있었습니다. 이에 따라 기혈을 보하고 간심의 균형을 조절하는 한약을 썼더니, 몇 주 후에는 "요즘은 아침에 눈 뜨는 게 괴롭지 않아요", "밤에도 한결 편하게 자요"라는 말씀을 하셨습니다. 그분은 "병이 아니라서 병원에서도 약을 주지 않았지만, 저는 분명히 아팠어요."라고 했습니다. 몸은 병이라는 이름이 붙지 않아도 분명히 아플 수 있습니다. 그리고 그 시점을 놓치지 않고 다루는 것이 바로 한의학의 진짜 힘입니다.

우리는 흔히 뚜렷한 병명이 붙지 않으면 대수롭지 않게 여기곤 합니다. 그러나 몸은 조용히 무너지기 시작하는 시점이 있습니다. 손발이 차가워지고, 식후에 유난히 피곤하거나, 이유 없이 입안이 쓰고, 생리가 달라지고, 자주 잠이 깨는 것. 이런 변화는 일상의 스트레스가 아니라 몸의 흐름이 흔들리고 있다는 신호입니다. 예를 들어, 생리통이 점점 심해진다면 자궁 내 어혈이 점점 쌓이고 있다는 이야기이고, 변비가 잦아지고 가스가 늘었다면 장의 운동성이 떨어지고 있다는 경고일 수 있습니다. 한의학은 이처럼 작지만 의미 있는 신호들을 놓치지 않습니다.

이런 신호는 조기에 개입하면 얼마든지 가볍게 넘어갈 수 있습니다. 하지만 늦게 오면 점점 고착되어 치료가 어려워집니다. 그래서 저는 늘 말합니다. "조금이라도 이상하다고 느껴지면 그때가 가장 좋은 타이밍입니다." 조기 개입은 모든 의학의 공통된 전략이며, 한의학은 그 전략을 실현하기에 가장 적합한 의학입니다.

한의학은 큰 병이 되기 전에 몸의 흐름을 조율하는 의학입니다. 차가워진 손발, 소화기 문제, 생리의 변화, 이유 없는 불면, 기운 빠짐, 자꾸만 누적되는 피로, 이유 없이 민감해진 감정 반응, 이런 것들은 '참아야 하는 일상'이 아니라 '조기에 회복할 수 있는 신호'입니다. 진료실에서는 종종 이런 아쉬운 이야기가 남습니다.

"그때 바로 왔더라면 약도 덜 드셨을 거고, 이렇게 오래 고생하지 않으셨을 텐데요."

누구나 병을 완전히 피할 수는 없습니다. 하지만 몸의 흐름을 알고 조절할 수 있다면 그 병은 더디게 오고, 덜 심하게 지나가며, 더 빠르게 회복될 수 있습니다. 그게 바로 현명한 건강 관리입니다.

결국, 한의원은 병의 마지막 단계에 가는 곳이 아니라, 몸이 보내는 초기 신호에 귀 기울이기 위해 먼저 찾아야 하는 곳입니다. 내 몸이 지금 무엇인가 말을 걸고 있다면, 그 말을 너무 늦기 전에 들어보는 것, 그게 가장 이득인 선택일 수 있습니다.

한방진료와 한의사를
아는 사람과 모르는 사람

　한의원을 오랫동안 잘 다니시는 분들을 보면 묘하게도 공통점이 있습니다. 몸에 무슨 일이 생기면 "한의원 가봐야겠네"라는 생각이 자연스럽게 먼저 떠오른다는 점입니다. 그분들에게는 한의원이 단지 아플 때 침 맞는 곳이나 피곤할 때 보약 먹는 곳이 아니라, 일상의 작은 불편함이 느껴질 때 찾아가는 '몸을 관리하는 공간'으로 자리 잡고 있습니다. 반대로, 여전히 '한의원은 허리 삐끗했을 때 침 맞으러 가는 데 아닌가요', 아니면 '몸보신하려고 한약 먹는 데 아닌가요'라고 생각하시는 분들도 많습니다. 이 차이는 작아 보이지만 실은 건강을 다루는 관점 자체가 완전히 다릅니다. 한방진료를 안다는 것은 단지 질병 치료의 한 방법을 하나 더 아는 것을 넘어, 자신의 몸을 이해하는 또 다른 감각을 갖게 된다는 뜻이기 때문입니다.

예를 들어, 누군가 소화가 잘 안 되고 더부룩한 증상이 계속될 때 어떤 분은 "위장약 하나 먹고 말지"라고 생각합니다. 그런데 한방진료를 아는 분들은 이렇게 말합니다. "요즘 무리했더니 속이 예민해진 것 같아요." 이렇게 몸의 변화에 대해 원인과 연관을 생각해보는 사람은 같은 증상이라도 다르게 받아들이고, 회복을 위한 행동도 달라집니다. 한 분은 처음 진료실에 오셨을 때 이렇게 말씀하셨습니다. "전 그냥 체질적으로 속이 늘 안 좋은 줄 알고 살아왔어요." 평생을 그렇게 살아오니 그게 자신의 몸인 줄 알았다는 겁니다. 그런데 진료를 통해 장의 움직임과 소화를 도와주는 치료를 하자 "먹고 나서 이렇게 속이 편한 게 얼마 만인지 모르겠어요"라는 말씀을 하셨습니다. 그 순간부터 그분은 자신의 몸에 대한 인식이 바뀌었고, 몸의 언어를 새롭게 배우기 시작한 겁니다.

한방진료는 단순한 증상 대처를 넘어서, '왜 이런 변화가 생겼는가'를 함께 살펴보고 근본적인 균형을 회복하려는 접근입니다. 그래서 몸에 대한 감수성이 있는 사람, 자신의 변화에 민감하게 반응할 줄 아는 사람일수록 한의원을 더 잘 활용합니다. 그리고 그런 감수성은 좋은 한의사와의 꾸준한 진료 경험 속에서 더욱 자라납니다. 저는 진료실에서 가능하면 환자 한 분 한

분의 체질과 경과를 기억하려고 합니다. 평소보다 낯빛이 흐리거나 목소리에 기운이 없으시면 먼저 "요즘 피곤하신가요?"라고 묻습니다. 말보다 먼저 보이는 그런 작은 변화들이, 결국 치료 타이밍을 앞당기게 해줍니다.

한의사를 오래 알고 지내는 분들은 명절 전후로 미리 컨디션을 점검하고, 계절이 바뀔 때 몸이 어떻게 반응하는지를 살펴보며, 바쁜 일정이 지나기 전에 조심스럽게 자신의 건강을 챙깁니다. 이런 생활은 단지 병을 치료하는 게 아니라, 건강을 유지하는 힘이 됩니다. 한방진료를 잘 아는 사람은 몸에 어떤 변화가 생기더라도 조급해하지 않고, 지금 이 변화가 어떤 신호일지 먼저 생각해봅니다. 반면 그런 경험이 없는 분들은, 불편이 오래된 후에야 병원 문을 두드리게 됩니다.

저는 종종 '한의학은 몸의 언어를 배우는 과정'이라고 설명합니다. 처음에는 낯설게 느껴지지만, 반복적으로 진료를 받고 자신의 몸을 살펴보다 보면 조금씩 익숙해집니다. 어느 순간부터는 자신도 모르게 몸이 보내는 작은 변화를 눈치채게 됩니다. "요즘은 밥을 먹고 나면 유난히 더부룩하네", "손발이 평소보다 차가운 것 같아요", "밤에 자주 깨는데 전보다 피로가 덜 풀리는 느낌이에요." 이런 말들을 환자분들이 먼저 하실 때, 저는 속으로 반가운 마음이 듭니다.

'아, 이분은 이제 자신의 몸을 잘 관찰할 수 있게 되셨구나.'

한의학을 안다는 건 단지 병을 고치는 기술을 안다는 게 아니라, 몸이라는 자연을 어떻게 바라보고 대화하느냐를 배우는 일입니다. 이건 지식의 영역을 넘어서 '생활의 감각'이 됩니다. 그리고 그 감각은 여러분의 건강을 훨씬 더 부드럽고 지속 가능한 방식으로 지켜줄 수 있습니다. 이제는 한방진료가 낯설고 먼 개념이 아니라, 내 몸을 다루는 친숙한 방식이 되어야 할 때입니다. 그 시작은 좋은 한의사를 알고, 자주 만나고, 몸에 대해 함께 이야기 나눌 수 있는 관계를 만드는 것입니다.

한방진료를 '안다'는 건 결국 내 몸과 더 가까워졌다는 뜻입니다. 여러분은 어느 쪽이신가요? 몸에 어떤 변화가 생겼을 때 그걸 단순한 증상이 아니라 하나의 '신호'로 받아들이고, 그 신호 속에서 내 몸을 관찰하고 반응할 수 있으신가요? 그런 감각이 쌓이면, 치료보다 관리가 앞서게 됩니다. 건강은 바로 그 차이에서 시작됩니다.

한의사를 잘 선택하는 방법이 있을까?

"주변에 한의원이 너무 많은데 어디를 가야 할지 모르겠어요"

"한의사마다 말이 다 달라서 혼란스러워요"

이런 말씀을 진료실에서 종종 듣습니다. 실제로 요즘은 동네마다 한의원이 많고, 인터넷을 검색하면 다양한 치료 프로그램과 광고가 쏟아집니다. 그만큼 한의원을 선택할 때 무엇을 기준으로 삼아야 할지 막막한 분들이 많습니다. 그럴 때 저는 이렇게 말씀드립니다.

"한의학을 제대로 하는 한의사를 만나야 합니다."

이 말은 단순히 경력이나 명성을 따지라는 뜻이 아니라, 진짜로 한의학적인 관점으로 진료하는 한의사를 찾으라는 의미입니다.

　많은 분들이 한의학을 깊이 경험해보기도 전에 막연한 오해나 선입견으로 거리를 둡니다.

"한약은 간에 안 좋대요"

"침은 맞을 땐 시원하지만 효과는 잘 모르겠어요"

　이런 말들은 사실 검증되지 않은 단편적인 정보들입니다. 그런데 이런 오해가 생기는 배경에는 실제로도 '한의학을 제대로 쓰지 않는' 진료가 일부 존재하기 때문이기도 합니다. 예를 들어 인터넷과 SNS에는 '다이어트탕', '면역탕', '갱년기탕' 같은 이름을 붙인 상품형 한약들이 넘쳐납니다. 누구에게나 동일한 약을 권하고, 문진도 짧게 하고 바로 탕약을 지어주는 방식이 마치 일반화된 듯 보이기도 합니다.

　하지만 이것은 진짜 한의학의 방식이 아닙니다. 예를 들어 같은 불면이라도 어떤 사람은 머리가 뜨거워져서 잠을 못 자고, 어떤 사람은 마음이 불안해서 뒤척이며, 또 어떤 사람은 몸이 너무 허약해서 깊은 잠을 이루지 못합니다. 같은 '피로감'이라는 증상도 원인이 제각각입니다. 위장이 무겁고 눌려서 피곤한 사람, 간이 긴장되어 피로를 잘 풀지 못하는 사람, 마음의 기운이 자주 떨어지는 사람 등등. 이처럼 같은 증상이라도 그 속에 담긴 맥락과 원인이 다 다르므로 진단도 다르고 치료도 달라야 합니다. 그런데 어떤 한의원에서는 누구에게나 정형화된 약을 권하고, "이건 면역에 좋아요", "이건 요즘 많이 나가는 보약이에요"라며 상품처럼 이야기합니다. 마치 기성복을 입듯이 약을 권하는 방식이지요.

문제는 이런 일률적인 접근이 단순히 효과가 없을 뿐만 아니라, 오히려 몸의 균형을 더 흐트러뜨릴 수 있다는 데 있습니다. 내 몸에 맞지 않는 약을 먹는 것은 불편한 신발을 억지로 신고 걷는 것과 비슷합니다. 겉으로는 괜찮아 보일 수 있어도 안에서는 불균형이 쌓여갑니다. 화려한 광고나 세련된 상담실, 친절한 설명이 있어도 결국 중요한 건 그 한의사가 정말 환자의 체질과 생활, 계절과 환경, 감정과 에너지를 함께 보고 있는가입니다. 일률적인 프로그램과 상품이 아니라, 나라는 사람을 어떻게 보고 진료하고 있는가를 살펴야 합니다.

저는 환자분들께 이렇게 말씀드립니다.

"한의학이 아닌, 한의사를 선택하십시오."

'무슨 약을 쓴다', '어떤 치료법을 쓴다'보다 더 중요한 건, 그 치료를 누구의 손에 의해 받느냐입니다. 어떤 한의사는 몸의 구조와 흐름을 종합적으로 분석하고, 왜 이런 증상이 생겼는지, 이 증상이 앞으로 어떤 경로로 변할 수 있는지를 설명하며 진료를 이끕니다. 그리고 그 설명 속에는 '몸을 보는 관점'이 담겨 있습니다. 그 관점이 명확하고 일관된 사람은 치료도 정직하고 믿을 수 있습니다.

또 하나, 진짜 한의사는 '시간이 필요하다'는 점을 이해하고 있습니다. 여기서 말하는 시간은 단지 오래 걸린다는 뜻이 아니라, 환자와 함께 호흡하며 치료의 방향을 조율해가는 과정을 의미합니다. 치료는 기계적으로 정해진 순서대로 진행되는 게 아니라, 진료마다 몸의 반응을 살피고, 필요한 조절을 해나가는 여정입니다. 때로는 빠른 회복을 위해 강한 치료가 필요할 수도 있습니다. 하지만 그것도 환자의 상태와 변화의 흐름을 정확히 읽은 한의사의 판단 아래에서 이루어져야 비로소 제대로 작동합니다. 어떤 날은 체력을 북돋우는 보약이, 어떤 날은 긴장을 풀어주는 한약이, 또 어떤 날은 해독이 필요한 한약이 우선이 될 수 있습니다. 이처럼 한의학은 정해진 치료를 밀어붙이는 방식이 아니라, 환자와 치료자가 함께 호흡을 맞추며 그때그때 가장 알맞은 처방을 찾아가는 의학입니다. 그래서 단시간에 끝내려는 조급함보다는, 신뢰 속에서 꾸준히 몸의 리듬을 바로잡아가는 자세가 더 중요합니다.

한의사는 단기적으로 몇 번 보고 끝나는 의사가 아닐 수 있습니다. 오히려 내 몸의 기록을 함께 쌓아가는 사람, 계절이 바뀔 때마다 변화하는 내 몸의 반응을 알고 그에 맞춰 조언해줄 수 있는 사람, 생활습관과 정서의 흐름까지 이해하고 함께 이야기를 나눌 수 있는 동반자일 수 있습니다. 이런 관계 속에서야 비로소 한의학은 단순한 치료를 넘어 삶을 조율하는 도구가 됩니다. 결국, 한의학을 제대로 활용하고 싶다면, 잘 지어진 약보다도 먼저 '잘 만난 한의사'가 있어야 합니다. 자신만의 관점을 갖고, 환자 개개인을 주의 깊게 보고, 설명과 조율을 아끼지 않는 그런 한의사를 만나셨으면 합니다. 그런 분을 만나게 되신다면, 한의학은 여러분의 삶 속에서 훨씬 깊이 있게 작용할 수 있을 것입니다.

한의원,
목욕탕 가듯이 오세요

"이거 한약 먹으면 완치되는 건가요?"

"몇 번 치료하면 다 낫는 거죠?"

진료실에서 자주 받는 질문입니다. 이 질문에는 단순한 궁금증을 넘어서, '이번 기회에 확실히 끝내고 싶다'라는 마음이 담겨 있습니다. 하지만 실제로는 많은 질환이 그렇게 단기간에 끝나지 않습니다. 특히 한의원에 오는 분들이 자주 호소하는 소화불량, 불면증, 생리통, 만성두통, 과민성대장 같은 문제들은 수년간 반복된 생활습관과 체질적인 취약함, 심리적 긴장이 복합적으로 얽혀 나타나는 경우가 많습니다.

이런 증상들은 단발성으로 사라지는 것이 아니라, 관리되지 않으면 반복되기 쉬운 특징이 있습니다. 그래서 저는 '완치'라는 말보다는 '잘 관리되고 있다'라는 표현을 더 자주 씁니다. 우리 몸은 계속 변화하고 있고, 그에 따라 불균형도 생기고 사라지기 때문입니다.

저는 종종 치료를 '목욕탕'에 비유합니다. 때가 아주 많을 때만 목욕탕에 가는 것이 아니듯이, 매일매일 조금씩 쌓이는 피로나 긴장을 풀기 위해 정기적으로 몸을 살피는 것이 필요합니다. 통증이 줄었다고, 수면이 좀 나아졌다고 치료를 멈추면, 몸은 다시 이전의 흐름으로 되돌아가기 쉽습니다. 특히 체질적으로 약한 부분이 있거나 생활환경이 크게 변하지 않았다면 더더욱 그렇습니다.

그래서 저는 일정한 흐름을 가지고 치료를 이어가는 것을 권유합니다. 증상이 심할 땐 첫 주는 매일, 그다음 주는 주 2~3회, 이후 호전되더라도 주 1~2회는 꾸준히 몸을 점검하고 조율해주는 시간을 가지는 것이 좋습니다. 마치 주말마다 목욕탕에 들르듯, 몸의 작은 어긋남을 정기적으로 정리하는 습관이 건강의 흐름을 유지해줍니다.

한약도 마찬가지입니다. 단기 복용으로 효과를 보는 경우도 있지만, 체질을 안정시키고 회복력을 높이는 과정은 더 오랜 시간이 필요합니다. 어떤 분은 이렇게 말씀하시죠.

"이제는 괜찮은 것 같아서 약은 쉬어도 되겠죠?"

물론 상태가 아주 좋아졌다면 쉬는 것도 하나의 방법입니다. 하지만 몸이 아직 변화에 익숙해지는 중이라면, 갑작스러운 중단보다는 천천히 줄이고, 간격을 조절하면서 점검해가는 것이 더 안전합니다. 특히 계절이 바뀌거나 스트레스를 많이 받을 시기엔 다시 조율이 필요할 수 있습니다. 이처럼 주기적인 관리가 결과적으로는 더 긴 안정을 만들어줍니다.

그럼에도 불구하고 진료실에서 종종 듣는 말이 있습니다.

"안 아파서 안 왔어요."

이 말은 참 반가우면서도 아쉬운 말입니다. 치료를 잘 받아서 안 아프게 되었더라도, 그 상태를 유지하기 위해서는 '그 다음의 관리'가 필요합니다. 이 부분이 가장 많이 놓치는 지점입니다.

이럴 때 저는 자전거를 예로 듭니다. 자전거는 처음엔 열심히 페달을 밟아야 움직입니다. 어느 정도 속도가 붙으면 가볍게만 밟아도 잘 나아가죠. 하지만 페달을 완전히 멈춰버리면? 결국, 자전거는 점점 느려지다가 쓰러지고 맙니다. 우리 몸도 그렇습니다. 처음 치료는 집중적으로 받고, 이후로는 유지하는 리듬이 필요합니다. 가속력이 붙었다고 방심하면, 언젠가는 다시 쓰러질 수 있습니다.

또 한 가지 비유는 '강물 위에 떠있는 배'입니다. 배가 떠내려가지 않도록 그 자리를 유지하려면, 계속해서 노를 저어야 합니다. 몸도 마찬가지입니다. 내버려두면 몸은 자연스럽게 아래로, 즉 피로와 질병의 방향으로 흘러갑니다. 꾸준히 살피고, 조율하고, 정리하는 시간을 가지지 않으면 건강은 쉽게 떠내려갑니다.

한의학에는 '미병치지(未病治之)'라는 말이 있습니다. 병이 되기 전에 다스리는 것이 가장 큰 치료라는 뜻입니다. 이 철학은 단순한 예방을 넘어, '내 몸이 병들지 않도록 평소에 정비하고 조율하라'라는 의미입니다. 매일 세수하고 양치하듯, 건강도 꾸준한 관리가 필요합니다. 한의원은 그런 점검과 관리의 공간입니다. 단지 치료를 위해 오는 곳이 아니라, 내 몸의 흐름을 읽고 병이 되기 전의 신호를 조율해주는 곳입니다.

진료실에서는 자주 이런 이야기를 합니다.

"병이 나은 후에도, 다시 아프지 않도록 한 달에 한두 번씩 치료받으러 오세요."

이 말은 '계속 오라'는 뜻이 아니라, '건강하게 오래가기 위해 한 번씩 점검하자'라는 뜻입니다.

고장이 난 뒤에 수리하는 것보다, 고장이 나지 않도록 관리하는 게 훨씬 효율적이고 비용도 적게 듭니다. 한의학의 강점은 바로 이런 점에서 빛을 발합니다. 아직 병으로 진단되지 않은 작은 변화들을 먼저 감지하고, 그 흐름을 정리하는 데 탁월합니다

다. 한약을 복용하면서 몸의 신호에 민감해지고, 침 치료로 순환과 긴장을 풀어주며 스스로의 회복력을 기를 수 있도록 돕는 의학이 바로 한의학입니다.

결국, 중요한 건 '꾸준함'입니다. 너무 아프기 전에, 다시 아프기 전에, 평소에 조금씩 다듬고 정리하는 습관이 건강의 기초가 됩니다. 한 번 치료받고 끝내는 의학이 아니라, 환자와 호흡을 맞추며 몸의 리듬을 함께 맞춰가는 의학이 한의학입니다. 오늘 당장 큰 병이 없어도, 매일의 삶이 지치고 무거울 때 한 번쯤 몸을 돌아보는 습관. 그게 진짜 건강을 만드는 습관입니다.

그러니 이제는 이렇게 생각해보시기 바랍니다.

한의원은 '아픈 사람만 가는 곳'이 아니라, '건강한 나를 지키기 위해 정기적으로 가는 곳'입니다. 목욕탕처럼, 몸이 많이 더러울 때만이 아니라 피로가 쌓이기 전에 가볍게 들러 정리하는 습관. 자전거처럼 페달을 멈추지 않고 가볍게 유지하는 습관. 강물 위의 배처럼, 떠내려가지 않도록 스스로를 지켜주는 습관. 그 꾸준함 위에 건강은 자리 잡습니다. 한의학은 그 꾸준함 위에 작동하는 의학입니다. 그리고 그 시작은 내 몸에 대한 작은 관심입니다.

한의사 만나기 전에 꼭 알아야 할 것들

너무 아플 때만 병원을 찾지 마세요.
아프기 직전이야말로 치료가 가장 쉬울 때입니다.

한의학은 기성복이 아닌
맞춤양복입니다

내 몸에 맞는 처방은 오직 나만을 위한 것

"예전에 친구가 한약 먹고 너무 좋아졌다고 하던데, 저도 그 약 먹어볼 수 있을까요?"

진료실에서 자주 듣는 질문입니다. 이런 질문을 받을 때마다 저는 이렇게 말씀드립니다.

"그 약은 그분한테 맞는 옷이에요. 환자분께는 환자분만의 옷이 필요합니다."

한의학은 기성복이 아니라 맞춤양복입니다. 몸의 상태, 체질, 생활 패턴, 감정의 흐름까지 고려해 그 사람에게 꼭 맞는 방식으로 접근해야 합니다. 겉으로는 같은 증상처럼 보여도 그 원인과 흐름은 사람마다 다릅니다. 마치 같은 '감기'라고 해도 어떤 사람은 열이 위로 치받아 얼굴이 붉고 땀이 줄줄 흐르는데, 어떤 사람은 몸이 으슬으슬 춥고 사지가 무거운 감기를 앓습니다. 겉으로 보기에는 모두 감기지만, 그 안의 기전은 전혀 다르며, 따라서 치료도 다르게 접근해야 합니다.

예를 들어볼까요. 소화가 안 된다고 해서 모두 같은 약을 쓰지 않습니다. 누군가는 속이 냉해서 위장이 움직이지 않고, 누군가는 위장이 축 늘어져 음식이 오래 머물러 생긴 문제이며, 또 어떤 사람은 스트레스로 간의 기운이 위장을 눌러 더부룩해진 경우도 있습니다. 겉으로는 "속이 더부룩해요"라는 똑같은 증상이지만, 그 원인은 제각각이기에 치료도 완전히 달라져야 효과가 있습니다.

불면증도 마찬가지입니다. 몸이 허해져서 에너지가 부족한 상태에서는 자꾸 깨고, 깊은 잠을 자지 못하며, 반면 열이 머리로 치받는 경우에는 자리에 누워도 머리가 복잡하고 몸은 피곤한데 잠이 들지 않거나 꿈이 많고 자주 뒤척이게 됩니다. 똑같이 "잠을 잘 못 자요"라는 호소지만, 그 원인에 따라 처방은 완전히 달라집니다.

그래서 한방진료는 자연스럽게 질문이 많을 수밖에 없습니다. 배는 어떤가요, 대변은 잘 보시나요, 평소에 땀은 많으신가요, 식사는 어떤 시간에 하시고, 어느 정도 드시나요, 혹시 특정 계절이나 시간대에 증상이 더 심해지시나요. 이런 질문들은 그저 사소한 증상을 묻는 것이 아니라, 당신의 몸 전체의 흐름을 짚기 위한 중요한 단서입니다. 한약도 마찬가지입니다. 같은 이름의 약재라도 그 배합, 용량, 사용 시점에 따라 전혀 다른 효과를 냅니다. 예를 들어, 감초라는 약재는 위를 보호하고 약의 조화를 도우며, 해독 작용도 있습니다. 그런데 감초를 많이 쓰면 부종이 생길 수도 있습니다. 몸이 부어있는 사람에게 감초를 다량 쓰는 건 오히려 독이 될 수 있는 겁니다.

한약은 단순히 '뭘 넣느냐'가 아니라 '어떻게 조합하느냐'의 예술에 가깝습니다. 그 조합은 당신이라는 사람을 중심으로 만들어져야 합니다. 어떤 체질인지, 어떤 상황인지, 지금 어떤 계절이고 어떤 환경에서 살고 있는지를 모두 반영해야 합니다. 마치 옷을 맞출 때 그 사람의 체형, 생활 스타일, 피부 톤, 계절까지 고려하듯이 말입니다.

문제는 많은 분들이 이런 맞춤형 접근을 이해하기 전에, "누가 이 약 먹고 살 빠졌다더라", "어떤 한약이 피부에 좋다더라", "요즘은 장에 좋은 한약이 유행이라던데" 하는 식의 정보에 쉽게 흔들린다는 점입니다. 그래서 자신과 맞지 않는 한약을 먹고 효과가 없었다고 실망하거나, 오히려 컨디션이 더 나빠지는 경우도 생깁니다. 남에게 좋았던 것이 나에게도 좋을 거라는 기대는 어찌 보면 당연한 마음이지만, 그 마음이 내 몸을 진짜로 아는 길을 막을 수 있습니다.

한의학은 유행을 따르지 않습니다. 오직 당신의 몸이 지금 어떤 상태인지, 그 흐름을 어떻게 조율할 것인지에 따라 결정됩니다. 그것이 바로 한의학이 '사람을 치료하는 의학'이라 불리는 이유입니다. 같은 약을 누구에게나 쓰지 않고, 같은 증상이라도 그 배경과 맥락을 보고 치료를 구성하기 때문입니다.

진짜 한방진료란 내 몸에 맞는 옷을 재단하고, 그 계절과 체형에 맞춰 수선하며, 편안하고 잘 맞는 상태를 유지해주는 과정입니다. 처음에는 조금 낯설 수 있습니다. 왜 이렇게 자세히 묻는지, 왜 약을 바로 주지 않는지, 왜 내 친구와는 다른 약을 처방하는지. 하지만 그 과정이야말로 진짜 당신의 몸을 이해하고, 그 몸에 맞는 해결책을 찾는 핵심입니다.

그리고 한 번 맞춘 옷이라도 시간이 지나면 다시 손을 봐야 하듯이, 몸도 계속해서 조율이 필요합니다. 계절이 바뀌면 몸의 기운도 달라지고, 생활 패턴이 바뀌면 소화력이나 수면 상태도 달라지며, 나이가 들수록 똑같은 음식에도 다른 반응을 보이게 됩니다. 그래서 한의학은 '현재의 몸'을 기준으로 진단하고 치료합니다. 지금 당신의 상태가 어떤지를 가장 중요하게 여깁니다.

당신의 몸은 당신만의 리듬과 균형을 가지고 있습니다. 누군가는 아침에 힘이 넘치고 저녁이 되면 늘어지는 반면, 또 다른 누군가는 밤에 오히려 집중력이 생기고 아침에 무기력할 수 있습니다. 똑같은 스케줄을 적용한다고 모두가 같은 결과를 얻는 것이 아니라, 그 사람의 고유한 흐름을 존중하고 거기에 맞춰주는 것이 중요합니다.

결국, 한의학은 '진단'보다도 '이해'에 더 가까운 의학입니다. 몸의 표면적인 증상만을 보는 것이 아니라, 그 증상이 생겨난 배경과 구조, 흐름을 함께 바라보며, 사람 전체를 이해하고자 합니다. 당신에게 맞는 치료는 결국 당신이라는 사람을 온전히 이해하고자 할 때 비로소 찾아집니다.

그러니 다시 한번 강조합니다. 한약은 남이 좋다고 해서 먹는 것이 아닙니다. 나에게 맞는지, 내 몸이 지금 그것을 필요로 하는지가 가장 중요합니다. 기성복이 아무리 유행해도, 결국 하루 종일 입고 있어야 할 옷은 나에게 잘 맞는 옷이어야 하듯, 치료도 마찬가지입니다. 보기에는 비슷해 보여도, 내 몸과의 궁합이 맞아야 진짜 효과를 볼 수 있습니다.

그리고 그 시작은, 내 몸의 리듬을 듣고 존중하는 마음입니다. 나만을 위한 옷처럼, 나만을 위한 처방이 필요합니다. 그것이 바로 한의학의 시작이자, 본질입니다.

몸이 본격적으로 아프기 직전엔
꼭 한의사를 만나라

"병원에 가긴 애매한데, 뭔가 좀 이상해요."

"아프진 않은데 몸이 좀 무겁고, 예전 같지 않아요."

이런 말을 하며 진료실에 들어오는 분들이 생각보다 많습니다. 그리고 저는 혼자 생각합니다.

'지금이야말로 오시기에 가장 좋은 타이밍입니다.'

한의학은 병의 이름보다는 몸의 흐름과 변화, 균형을 보는 의학입니다. 그래서 병이 본격적으로 시작되기 전, 아직 병명도 붙이기 어려운 시점에서부터 몸이 보내는 신호들을 읽고 대응할 수 있는 것이 한의학의 큰 장점입니다. 요즘 이유 없이 피로하다든지, 자고 일어나도 개운하지 않고 자꾸 뒤척이게 된다든지, 예전엔 아무렇지 않게 넘겼던 음식이 이제는 소화가 잘 안 되고 더부룩하게 느껴진다든지, 이런 변화들은 단순히 '나이 들어서 그런가 보다' 하고 넘길 일이 아닙니다.

몸이 균형을 잃어가고 있다는 조용한 경고일 수 있습니다. 이런 미묘한 이상은 대개 검사에서는 큰 이상이 나오지 않습니다. 병원에서는 "별다른 문제 없습니다"라는 말을 듣고 돌아오게 되죠. 그런데 정작 본인은 알게 됩니다. 뭔가 예전과 다르다는 것을요. 컨디션이 예전 같지 않고, 일상생활의 리듬이 무너지는 것을 느끼게 됩니다. 이럴 때 한의사를 만나면, 병이 되기 전에 흐름을 되돌리고 균형을 바로잡을 수 있는 절호의 기회를 얻을 수 있습니다. 한의학에서 말하는 '미병치지(未病治之)'란 바로 이런 상태를 의미합니다. 아직 병이 되지 않은, 하지만 병이 되려는 흐름 속에 들어선 그 시점에 개입하여 조율하는 것입니다.

진짜 건강관리는 병원에서 이상 소견이 나왔을 때 시작하는 것이 아닙니다. 몸이 서서히 무너지는 시작점을 감지하고, 그 시점에 대응하는 것부터 출발해야 합니다. 문제는 많은 분들이 이 시기를 '설마' 하며 넘긴다는 데 있습니다. '이 정도 가지고 병원 가면 오히려 이상한 사람 취급받지 않을까', '며칠 지나면 괜찮아지겠지' 하고 무심히 지나칩니다. 그리고 나중에 증상이 본격화되고 일상에 영향을 줄 정도가 되어야 병원을 찾게 되죠.

하지만 그때는 이미 회복력이 많이 떨어져 있거나, 병이 구조화되어 본래의 흐름으로 돌아가기까지 훨씬 많은 시간과 노력이 필요하게 됩니다.

특히 한의학은 '조금 이상할 때, 조금 불편할 때'를 치료의 골든타임으로 여깁니다. 그 시점이야말로 가장 적은 자극으로 가장 큰 효과를 낼 수 있기 때문입니다. 아직 병이 깊지 않아 회복도 빠르고, 생활 습관을 약간만 조정해도 충분히 개선될 수 있습니다. 진료실에서는 종종 이런 말씀을 드립니다. "지금처럼 '아픈 건 아닌데 뭔가 이상한' 상태에서 오신 게 참 잘하셨어요. 이럴 때 치료하면 훨씬 빨리 회복됩니다." 병이 뚜렷해지기 전에는 비교적 간단한 치료만으로도 흐름을 정리할 수 있지만, 일단 병으로 자리를 잡기 시작하면 그만큼 치료도 복잡해지고 회복까지 시간이 걸릴 수밖에 없습니다.

완전히 건강할 때 예방적으로 진료를 받는 것도 물론 이상적입니다. 하지만 현실적으로는 많은 사람들이 그렇게까지 하기는 어렵습니다. 그래서 가장 현실적인 진료 시점은 바로 '몸이 슬슬 이상해질 때'입니다. 예전엔 잘 참았던 피로가 요즘은 쉽게 쌓이는 느낌이 들고, 잠이 자꾸 얕아지고, 소화가 예민해졌으며, 계절이 바뀔 때마다 감기 기운을 쉽게 느끼고, 자고 일어나도 개운하지 않고 자잘한 증상들이 여기저기 생겨날 때, 그

때가 바로 한의사가 필요한 순간입니다. 이 시점은 몸이 보내는 작은 신호들을 통해 우리가 미리 조치를 취할 수 있는 시간입니다.

많은 환자분들이 치료를 받고 나서 이런 말씀을 하십니다.

"진작 올 걸 그랬어요. 그때 그냥 좀 쉬면 괜찮아질 줄 알았어요."

아마도 이런 경험을 누구나 한 번쯤은 해보셨을 겁니다. 몸이 보내는 신호를 무시하다가 결국 더 크게 고생한 기억 말입니다. 그 경험을 다시 반복하지 않기 위해서라도, 이제는 내 몸의 작은 변화에 더 민감해질 필요가 있습니다.

우리 몸은 갑자기 망가지지 않습니다. 마치 물이 끓기 직전에 서서히 온도가 오르듯이, 병도 그렇게 다가옵니다. 그리고 그 끓기 직전, 아직 온도가 100도가 되기 전의 그 미묘한 순간이야말로 진정한 치료의 시간입니다. 그때 흐름을 바꿔주면 물은 끓지 않고 다시 안정적인 상태로 돌아올 수 있습니다.

몸도 마찬가지입니다. 흐름이 무너지기 직전의 그 순간, 다시 조율할 수 있다면 더 큰 병은 막을 수 있습니다. 그래서 저는 이렇게 말씀드립니다. 이유 없이 컨디션이 떨어질 때, 예전 같지 않은 느낌이 들 때, 병은 아직 아니지만 뭔가 마음에 걸릴 때, 그럴 때 한의사를 먼저 떠올려보세요.

그 시점이야말로 당신의 몸을 건강하게 되돌릴 수 있는 가장 빠르고 가장 현명한 선택이 될 수 있습니다. 병의 이름이 생기기 전, 숫자로 표현되는 수치가 나오기 전, 그러나 몸은 이미 말하고 있는 그 시점에, 그 말을 들어줄 수 있는 존재가 한의사입니다. 몸의 언어를 듣고, 그 흐름을 읽으며, 병이 되기 전의 균형을 다시 찾아주는 역할, 그것이 바로 한의학의 진짜 역할입니다.

그러니 너무 아플 때만 병원을 찾지 마세요. 아프기 직전이야말로 치료가 가장 쉬울 때입니다.

시간 없다는 말이
병을 키운다

"아프진 않은데, 요즘 좀 이상하긴 해요."

"큰 병은 아닌 것 같고, 그냥 요즘 좀 무기력하고 예전 같지 않네요."

진료실에서 자주 듣는 말입니다. 그리고 그다음에 이어지는 말은 대부분 비슷합니다.

"이 정도로 병원 가는 건 좀 과한 것 같아서 그냥 넘겼어요." 혹은 "요즘 너무 바빠서 병원 갈 틈도 없어요."입니다.

그럴 때 혼자 생각합니다.

"지금이 진짜 봐야 할 시기인데…"

많은 사람들이 병은 어느 날 갑자기 생긴다고 생각합니다. 아침에 일어났더니 갑자기 허리가 아프다거나, 멀쩡하던 위장이 하루아침에 뒤틀리듯 아프다고 느낍니다. 하지만 실제로 몸이 무너지는 과정은 그렇게 갑작스럽지 않습니다. 오히려 오래전부터 천천히, 조용히 무너지고 있었던 겁니다. 피로가 잦아지고, 식욕이 줄고, 소화가 조금씩 둔해지고, 잠이 자주 깨고, 기운이 쉽게 빠지고…, 몸은 이미 계속해서 말하고 있었던 겁니다. 문제는 우리가 그 말을 듣지 않았다는 것이죠.

왜냐고요? 바쁘니까요.

"요즘 일이 너무 많아서요."

"애들 돌보느라 제가 제 몸을 챙길 틈이 없어요."

"마감만 끝나면 그때 보러 올게요."

그렇게 한 달, 두 달, 또 몇 달이 지나갑니다. 몸은 계속 신호를 보내고 있었지만, 바쁘다는 이유 하나로 계속 밀려나고 있었던 거죠. 그러다 어느 날, 몸이 더 이상 기다려주지 않을 때 우리는 결국 무너진 상태로 병원을 찾게 됩니다.

그럴 때 저는 안타까운 마음으로 말씀드립니다.

"조금만 더 일찍 오셨으면 훨씬 쉽게 해결됐을 텐데요."

몸이 스스로 회복할 수 있는 힘이 남아있을 때 치료하는 것과, 이미 기운이 빠지고 증상이 구조화된 상태에서 치료하는 것은 완전히 다릅니다. 시간도 더 걸리고, 비용도 더 들고, 무엇보다 회복하는 데 훨씬 더 많은 에너지가 필요합니다.

그래서 저는 단언합니다. 병은 시간이 없을 때 옵니다. 바빠서 못 갔다는 말, 시간이 없었다는 핑계, 그것들이 병을 키웁니다. 건강은 시간이 날 때 챙기는 게 아니라, 시간을 내서 챙겨야 합니다. 아무리 바빠도 밥은 먹고, 출근은 하면서, 왜 몸을 돌보는 일은 그렇게 손쉽게 뒤로 미루는 걸까요? 몸이 진짜로 무너지면, 그 바쁘다는 일들도 전부 중단할 수밖에 없습니다.

바쁜 일정도, 중요한 업무도, 가족을 위한 책임도 결국 내 몸이 버텨주니까 가능한 일입니다. 그런데 그 몸을 망가지게 하면서까지 일정을 채운다는 건, 언젠가 가장 큰 손해로 돌아올 수밖에 없습니다.

진료실에서 종종 이런 장면을 마주합니다. 아침부터 어지럽고 소화도 안 되며 불면이 심해진 40대 직장인이 허둥지둥 병원에 들어옵니다. "며칠 전부터 그랬어요?" 물으면 고개를 숙이며 대답합니다.

"사실 몇 달 전부터 그랬는데…, 시간이 안 나서요."

그리고 이런 이야기를 덧붙이죠.

"몸이 이렇게까지 무너질 줄은 몰랐어요."

이분은 결국 몸이 쓰러진 뒤에야 그 '바쁘다'는 시간을 억지로 멈추고 병원을 찾게 된 겁니다. 진작 한두 번만 시간을 내어 진료를 봤더라면, 이렇게까지 악화되지는 않았을 겁니다.

그런 이야기를 들을 때마다 저는 생각합니다. 이분만의 이야기가 아니라고요. 많은 사람들이 그렇게 말합니다.

"그땐 별거 아니었어요."

"며칠만 참으면 될 줄 알았어요."

"회사 일이 급해서요."

그렇게 쌓인 핑계가 병의 기초가 되는 경우가 너무 많습니다.

몸이 조금 이상하다고 느낄 때가, 사실은 가장 치료하기 쉬운 시기입니다. 병명은 없지만, 흐름이 어긋나기 시작한 그 시점. 몸이 아직은 버티고 있지만, 스스로 회복하기에는 역부족이 되어가고 있는 그 타이밍. 한의학은 바로 그때 개입해서 흐름을 조율합니다. 피로가 누적되기 전에, 기운이 바닥나기 전에, 예전 같지 않다는 그 애매한 느낌이 병이 되기 전에 말입니다.

한의원은 그런 '애매한 신호'를 다룰 수 있는 공간입니다. 당장 병명은 없지만, 몸이 말없이 보내는 이상한 기운, 무거움, 예민함, 반복되는 컨디션 저하. 그런 것들을 진단하고 다듬고 조율하는 곳입니다. 그리고 그걸 하려면 '시간이 날 때'가 아니라, '시간을 내서' 와야 합니다.

몸이 나빠진 뒤에는 아무리 시간이 많아도 치료는 쉽지 않습니다. 진짜 바쁘고 중요한 일들이 많은 사람일수록, 몸을 먼저 챙겨야 합니다. 그 몸이 버티고 있어야 일도, 삶도, 책임도 지킬 수 있기 때문입니다.

그리고 그 몸은 단지 나만의 것이 아닙니다. 내 몸이 건강해야 내 가족도 안정되고, 내 주변도 평화로워집니다. 한 사람이 아프면 주변의 많은 일들이 흔들리게 됩니다. 그러니 몸을 챙기는 일은 나를 위한 일이자, 결국은 가족과 일, 삶 전체를 위한 일이기도 합니다.

그러니 기억하셔야 합니다. 시간이 없다는 말이 병을 키웁니다. 치료는 나중에 여유가 생기면 하는 일이 아니라, 바로 지금, 건강이 완전히 무너지기 전에 시간을 내서 해야 하는 일입니다. 결국, 우리가 가진 가장 큰 자산은 '건강한 몸'입니다. 그 자산을 잃고 나면, 다른 모든 건 그다음 이야기입니다.

치료는 의사 혼자 하는 일이 아닙니다

진료실에서 저는 환자와 대화를 많이 나누는 편입니다. 그날 어떤 이유로 오셨는지, 언제부터 어떤 증상이 시작됐는지, 평소 수면이나 식사, 대변 상태는 어떤지, 요즘 스트레스를 많이 받고 있는지. 단지 병의 증상만 보는 게 아니라, 그 사람의 몸 전체 흐름과 상태를 함께 이해하고자 질문을 드립니다. 그리고 그 흐름을 설명해 드리고, 치료 방향을 이야기합니다.

환자분들 중엔 가끔 이렇게 말씀하시는 분도 있습니다.

"설명을 들으니까 제 몸이 왜 이러는지 알겠어요."

그럴 때 저는 마음속으로 생각합니다.

'이제 치료가 시작될 수 있겠구나.'

병을 치료하는 데 있어 가장 중요한 첫걸음은, 환자 본인이

자기 몸의 상태를 이해하는 것입니다. 내가 왜 이런 증상을 겪고 있는지, 내 몸은 지금 어떤 흐름에 있는지를 스스로 납득하고 받아들이는 순간부터, 치료는 비로소 의사 혼자만의 일이 아니게 됩니다.

저는 환자가 단순히 '치료받는 사람'이 아니라, 함께 치료의 길을 걷는 사람이 되기를 바랍니다. 설명 없이 약을 주고 침을 놓는 것보다, 지금 이 약은 어떤 작용을 하는지, 왜 이 경혈에 침을 놓는지, 이 증상은 어떤 흐름에서 비롯됐는지를 함께 대화하는 시간이 더 중요하다고 생각합니다.

그런 설명이 가능해야, 환자도 자신의 몸을 더 신경 써서 살피게 되고, 더 능동적으로 치료에 참여할 수 있습니다. 그 작은 변화가 반복되면, 생활 습관도 바뀌고, 몸을 대하는 태도도 달라지며, 그 결과 치료 효과도 훨씬 더 좋아집니다.

저는 의사가 모든 걸 해결해주는 사람이 아니라, 환자와 함께 방향을 잡아주는 사람이라고 생각합니다. 등산길을 안내하는 가이드처럼, 지금 어느 지점에 와 있는지, 어디로 가야 더 나은 길인지 설명해주는 사람이요. 환자는 그 설명을 듣고, 자신의 걸음으로 그 길을 함께 걸어야 합니다. 그렇게 나란히 걷는 진료가 제가 바라는 모습입니다.

물론 그렇다고 환자의 말만 다 들어주는 '친절한 의사'가 되려는 건 아닙니다. 저는 환자의 이야기를 충분히 듣되, 의사로서 반드시 짚어야 할 부분은 분명하게 설명합니다. 때로는 "이건 고쳐야 합니다"라고 단호하게 말씀드리기도 합니다. 환자분이 원하지 않는 조언일지라도, 몸의 흐름을 되돌리기 위해 필요한 말이라면 반드시 전달해야 한다고 생각합니다.

의사의 역할은 환자의 기분을 맞추는 것이 아니라, 건강의 방향을 함께 잡아가는 것이기 때문입니다. 저는 치료 과정에서 환자와의 '이해'와 '신뢰'가 무엇보다 중요하다고 느낍니다. 그 신뢰는 설명에서 나오고, 납득에서 비롯됩니다. 믿고 따를 수 있는 치료란, 그냥 맡기기만 하는 치료가 아니라, 내가 왜 이걸 해야 하는지 충분히 이해되는 치료입니다.

한약을 처방할 때도 마찬가지입니다. 약재 하나하나에 어떤 의미가 담겨 있고, 그 조합이 어떤 작용을 기대하는지 설명해 드리려 합니다.

"이 약은 간의 기운을 내려주는 약이에요."

"이건 기혈을 보강하면서 동시에 열을 정리해주는 작용이 있습니다."

이런 설명을 들은 환자들은 약을 더 믿고 잘 복용하시고, 스스로 몸을 더 잘 살피게 됩니다. 그게 바로 함께 치료하는 구조라고 생각합니다.

진료는 단순히 병을 고치는 기술이 아니라, 사람을 회복시키는 과정입니다. 회복은 단발적인 처방으로 끝나지 않습니다. 흐름을 되돌리고, 습관을 바꾸고, 자기 몸을 이해해가며 차근차근 만들어지는 과정입니다. 그 길을 함께 걷는 존재가 의사라고 저는 믿습니다.

그래서 저는 늘 마음속으로 다짐합니다.

"설명할 수 있는 진료를 하자. 함께 걸을 수 있는 치료를 하자."

몸이 좋아지는 과정에 환자가 함께할 수 있을 때, 그 치료는 훨씬 깊고 단단해집니다.

한약은 그렇게 작용합니다. 침 치료도 마찬가지입니다. 환자가 자신의 몸을 이해하고, 치료의 흐름을 인지하고, 나아가는 방향에 공감할 때, 의학은 더 힘을 발휘합니다.

그리고 저는 그것이 바로 한의학의 본래 모습이라고 생각합니다. 흐름을 보고, 사람을 이해하고, 함께 회복을 고민하는 것. 환자의 건강을 의사가 '해결해주는 것'이 아니라, 함께 '만들어가는 것'. 그게 제가 진료실에서 늘 지향하는 치료입니다.

동네에 믿을 만한 한의사
한두 명 알아두는 건 인생의 지혜

"요즘 허리가 좀 불편하긴 한데, 진통제 먹고 버텨요."

"병원 가면 검사만 하고, 별 이상 없다면서 소염제만 주더라고요."

진료실에서 종종 듣게 되는 말입니다. 몸에 분명히 이상이 느껴지지만, 당장 크게 아픈 것도 아니고, 병원에 가자니 시간도 없고 번거롭고, 그러니 그냥 약 하나 먹고 넘기는 거죠. 우리 사회에 널리 퍼진 건강 습관 중 하나가 바로 이겁니다.

'참을 수 있을 땐 약으로 버티고, 도저히 못 참겠으면 병원에 가자.'

그런데 문제는, 그렇게 지나가는 '약간 불편한 상태'들이 쌓이고 반복되면서 어느 순간 진짜 병이 되어버린다는 데 있습니다.

　물론 진통제나 소염제가 필요한 경우도 있습니다. 그런데 그건 응급 상황을 넘기기 위한 임시 조치일 뿐입니다. 통증을 없애는 약이 통증의 원인을 해결해주진 않습니다. 그리고 그렇게 통증만을 억누르다 보면, 몸은 점점 신호를 감추게 되고, 나중에는 더 큰 문제로 돌아올 수 있습니다. 증상은 가라앉았지만, 몸의 흐름은 더 어긋나 있는 경우를 진료실에서 자주 마주하게 됩니다.

　한의학은 이와는 다른 방식으로 접근합니다. 단순히 증상을 없애는 것이 아니라, 왜 그런 증상이 생겼는지를 봅니다. 지금 내 몸이 어떤 흐름 속에 있는지, 체질적으로 어떤 경향이 있는지를 살피고, 그 흐름이 더 나쁜 쪽으로 가지 않도록 조절합니다. 그래서 진료를 하다 보면 허리가 아파서 왔는데, 결국은 장이 차가워지면서 허리로 영향을 준 것이 원인이었다든지, 스트레스로 인한 간의 울결이 혈류를 막고 통증을 유발했다든지, 예상 밖의 흐름에서 원인이 발견되는 경우가 많습니다.

　한의학은 병의 '이름'보다, 몸의 '방향'을 봅니다. 지금 이 사람이 어떤 방향으로 가고 있는지, 어떤 변화가 쌓이고 있는지를 미리 읽어내는 게 진료의 핵심입니다. 그래서 치료도 단기적인 처방이 아니라, 조율과 조정의 연속입니다. 오늘은 허리가 아프고, 다음 달엔 소화가 안 되고, 그다음엔 입술이 자주 터지는 것 같고. 이런 변화들이 반복되면서 어느 방향으로 흘러갈지를 꾸준히 살펴야 합니다. 그런 흐름을 관리하는 데 가장 중요한 것이 바로 가까이에 있는 믿을 수 있는 한의사입니다.

그런데 많은 분들이 여전히 한의원을 '발목 삐었을 때 가는 곳', '보약 짓는 곳' 정도로만 생각합니다. 반면 건강에 좋다고 광고하는 영양제나 건강기능식품, 홈쇼핑에서 파는 각종 약은 아무 거리낌 없이 구매합니다. 진료 한 번 받지 않고, 내 몸 상태를 모른 채 약국에서 파는 여러 약을 복용하는 분들도 많습니다. 누군가에게 좋았다던, 연예인이 광고하던, 후기 평점이 높은 약이 나에게도 도움이 될 거라 믿고 먹지만, 실제로는 내 몸에 맞지 않아서 오히려 증상을 악화시키는 경우도 적지 않습니다.

한약은 기성복이 아닙니다. 누가 입어도 괜찮은 옷이 아니라, 내 체형과 계절, 활동 특성에 맞춰 재단하고 수선한 맞춤옷과 같습니다. 아무리 비싼 재료로 만든 한약도, 내 몸의 흐름과 맞지 않으면 오히려 부담이 되고 불편이 됩니다. 그래서 한약은 반드시 진료를 통해 내 상태를 정확히 알고, 그에 맞춰 조제된 약이어야 합니다.

믿을 수 있는 한의사는 그런 진료를 해주는 사람입니다. 몸의 흐름을 읽고, 조정이 필요한 부분을 판단하고, 계절과 체질을 고려해 조제와 치료 방향을 제안합니다. 그리고 무엇보다 중요한 것은, 이 흐름을 '한 번'이 아니라 '꾸준히' 관리해줄 수 있다는 점입니다. 매번 새로운 병원을 검색해서 가는 것보다, 내 몸을 꾸준히 살펴본 사람이 있다는 건 큰 자산입니다.

저는 종종 이렇게 말씀드립니다. "동네에 믿을 만한 한의사 한두 명쯤 알고 지내는 건, 이제 건강보험처럼 꼭 필요한 인생의 기반입니다." 그 한의원은 아플 때만 가는 곳이 아니라, 몸이 균형을 잃기 전에 흐름을 조정하러 가는 곳입니다. 컨디션이 좀 떨어지는 것 같을 때, 계절이 바뀌면서 몸이 예민해졌을 때, 스트레스로 예전 같지 않을 때. 그런 순간에 가볍게 들러 몸의 흐름을 점검받고 조율받을 수 있다면, 큰 병으로 가는 길을 막을 수 있습니다.

이제는 이런 건강 습관이 필요합니다. 갑자기 무너지기 전에, 조용히 무너지고 있는 그 순간을 포착해서 바로잡는 습관. 믿을 수 있는 한의사와 함께, 내 몸을 오래 보아온 전문가와 함께 치료의 방향을 잡아가는 습관. 홈쇼핑이나 약국에서 파는 약이 아니라, 내 몸을 진단한 뒤에 나오는 정확한 처방으로 내 흐름을 다듬어가는 습관.

그게 진짜 건강을 지키는 방법이고, 한의학을 가장 잘 활용하는 길입니다. 그리고 그것은 멀리 있는 특별한 의사가 아니라, 가까이에 있는 믿을 수 있는 한의사로부터 시작될 수 있습니다.

치료는 운동하는 것과 **같습니다**

　치료는 운동하는 것과 같습니다. 처음부터 무리하게 많이 하거나, 잠깐 열심히 한다고 효과가 나지 않습니다. 운동도 그렇잖아요. 처음엔 동작이 어색하고 힘들기만 합니다. 자세도 틀리고, 효과도 잘 모르겠고, 몸이 오히려 더 아픈 것 같기도 하죠. 그런데 그런 시기를 지나서, 일정한 패턴으로 조금씩 꾸준히 하다 보면 어느 순간 몸이 달라지는 걸 느끼게 됩니다. 치료도 똑같습니다. 처음엔 침 맞는 것도 낯설고, 약 먹는 것도 번거롭고, 금방 좋아지는 것 같지 않아 답답할 수 있습니다. 하지만 일정한 시간 동안 성실하게 이어가다 보면, 어느 날 문득 '예전보다 편해졌네' 하는 변화가 찾아옵니다. 그 변화는 단번에 오지 않기에 조급한 사람은 쉽게 포기합니다. 운동도 3일 하고 몸이 안 달라졌다고 그만두는 사람이 있고, 치료도 3번 받고 증상이 여전하다고 실망하는 사람이 있습니다. 그런데 그건 내 몸이 치료를 '흡수'하고 있는 시간입니다. 겉으로는 티가 안 나지만, 몸속에선 서서히 변화가 일어나고 있는 겁니다.

그리고 또 하나, 운동도 잘하는 사람이 있듯이 치료도 '잘 받는' 사람이 있습니다. 같은 운동을 해도 어떤 사람은 금방 효과를 보고, 어떤 사람은 잘 안 맞는 것 같기도 하죠. 마찬가지로 같은 치료를 해도 금방 호전되는 사람이 있고, 더디게 반응하는 사람도 있습니다. 그런데 여기서 중요한 건 잘하느냐 못하느냐보다 '꾸준히 하느냐'입니다. 운동도 꾸준히 하는 사람이 결국 몸을 바꾸고, 치료도 성실히 받는 사람이 결국 병을 이깁니다. 몸이라는 건 속도가 느리더라도 방향이 맞으면 반드시 좋아지게 되어 있습니다. 그 방향을 바로잡는 역할이 한의원의 치료이고, 그 방향대로 잘 따라가는 건 환자의 몫입니다.

우리는 모두 빠른 걸 좋아합니다. 당연합니다. 통증은 당장 없애고 싶고, 피로는 오늘 바로 회복하고 싶고, 불면은 오늘 밤 당장 끝났으면 좋겠고요. 그래서 빠르게 듣는 효과에 매력을 느낍니다. 진통제 한 알, 스테로이드 주사 한 방. 효과는 빠릅니다. 그런데 몸이 정말 나아진 걸까요? 예를 들어 삐끗한 허리에 스테로이드를 맞아 통증이 가라앉았다고 해봅시다. 고통은 덜하겠죠. 그런데 다시 그 부위에 무리가 가면 똑같이 아파집니다. 왜일까요? 아픈 부위의 회복이 충분히 이뤄지지 않았기 때문입니다. 통증만 줄었을 뿐, 원인은 그대로 남아있기 때문입니다. 그런 식의 반복은 결국 만성 통증이나 조직 손상으로 이어지기도 합니다. 치료는 '없애는 것'이 아니라 '돌려놓는 것'입니다. 원래 내 몸의 균형, 흐름, 자연스러운 회복력을 회복시키는 과정이죠. 그래서 시간이 걸리고, 그래서 반복이 필요합니다.

사실 꾸준히 치료받는 일은 쉽지 않습니다. 바쁜 일상에 치이다 보면 치료받는 시간조차 아깝게 느껴지고, 약 챙겨 먹는 것도 자꾸 잊게 됩니다. 비용 부담도 있고, 멀리까지 오가는 것도 귀찮고요. 그래서 치료를 받다가 중단하는 분들도 많습니다. 하지만 그런 분들에게 꼭 말씀드리고 싶은 게 있습니다. 몸은 속도를 기억하지 않습니다. 몸이 기억하는 건 '방향'입니다. 아무리 천천히 가도, 방향이 바르다면 결국 건강이라는 목적지에 도달할 수 있습니다. 운동도, 치료도 마찬가지입니다. 잠시 쉬었다 다시 시작해도 괜찮습니다. 중요한 건 포기하지 않는 겁니다. 조금씩이라도 계속하는 것, 그게 제일 어렵고도 가장 효과적인 방법입니다.

공부도 그렇습니다. 하루 종일 앉아 있어도 집중을 못 하면 아무 소용 없고, 짧게라도 꾸준히 반복하는 사람이 결국 실력이 쌓입니다. 타고난 머리가 좋든 나쁘든 결국 결과를 만드는 건 반복입니다. 치료도 반복입니다. 몸도 공부와 비슷해서, 외워둔다고 되는 게 아니라 익숙해져야 합니다. 좋은 수면 습관, 소화 기능, 배변 리듬, 스트레스 대응력 같은 건 외부에서 억지로 주입할 수 있는 게 아닙니다. 그저 몸이 익숙해질 수 있게 환경을 만들어주고 시간을 주는 것밖엔 없습니다. 그리고 그런 역할을 도와주는 곳이 바로 한의원입니다. 침과 약은 몸이 기억을 되찾을 수 있도록 자극을 주는 수단이고, 결국 그것을 받아들이고 변화하는 건 여러분의 몸입니다.

그래서 결국 중요한 건 마음가짐입니다. 이 치료를 단기전처럼 생각하지 마세요. 장기전입니다. 건강한 삶을 위해 내 몸을 설득하는 과정이고, 스스로를 믿고 기다려주는 인내의 시간입니다. "이번 주에 결과가 안 나왔어요"라는 말보다는 "이 길이 맞으니 계속 가보려고요"라고 말하는 환자가 결국 건강해집니다. 운동도 마찬가지잖아요. 근육이 생기든 안 생기든, 몸무게가 줄든 말든, 그래도 오늘도 운동장에 나가는 사람. 그 사람이 결국 원하는 걸 얻게 됩니다. 치료도 같습니다. 오늘은 그냥 내가 나를 돌보는 하루였다고 생각해보세요. 몸은 알아줍니다. 어제보다 나아졌고, 오늘도 성실했으니 내일은 더 좋아질 거라고, 몸은 반드시 반응해줍니다.

그러니 너무 조급해하지 마세요. 치료는 운동처럼, 서두르면 다치고 천천히 하면 단단해집니다. 오늘 내가 한 치료가 당장은 잘 안 느껴질 수 있어도, 그건 내 몸 안 어딘가에서 조용히 힘을 내고 있다는 증거입니다. 눈에 보이는 변화보다 더 중요한 건 방향이 맞느냐는 겁니다. 방향만 맞는다면 우리는 반드시 나아갈 수 있습니다. 그 길에 제가 함께 걷겠습니다. 치료는 운동하는 것과 같습니다. 지금 잘하고 계십니다. 계속해보세요.

한약은 간에 나쁘지 않습니다

"한약은 간에 안 좋다던데요."

진료실에서 자주 듣는 질문입니다. 병원에서 그렇게 들었다며 걱정스러운 얼굴로 묻는 분들이 많습니다. 이럴 때마다 한의사로서 마음이 무겁습니다. 한약을 잘 모르는 누군가의 말 한마디가 사람들의 건강한 선택을 가로막고 있기 때문입니다.

한약은 한의사의 진단과 처방을 통해, 각 사람의 체질과 증상, 생활환경에 맞춰 조제되는 전문 의약품입니다. 하지만 안타깝게도 요즘 '한약처럼 보이는 것들'이 마치 한약인 것처럼 유통되고 있고, 그로 인해 생긴 부작용이 한약 전체에 대한 불신으로 이어지고 있습니다.

건강기능식품 자체가 나쁘다는 이야기가 아닙니다. 다만, 한의사의 진단 없이 '한방 원료', '전통처방', '한약재 추출'이라는 이름으로 유통되는 제품들이 문제입니다. 이런 제품은 어디까지나 공장에서 기계적으로 제조된 기성 제품으로, 누구에게나 똑같이 적용됩니다. 어떤 사람에겐 맞을 수도 있지만, 전혀 맞지 않는 사람에게는 오히려 부작용이 날 수 있습니다. 그런데 이런 제품을 복용하다 문제가 생기면 "한약 먹고 간이 나빠졌다"라는 식의 이야기가 나옵니다. 정작 한의사의 진단을 받은 적도 없고, 처방을 받은 한약도 아닌데도 말입니다.

더 큰 문제는 건강원 등에서 임의로 달여 먹는 엑기스류입니다. '피곤할 때 좋다', '기력 보강에 좋다'는 말에 혹해 별다른 진단 없이 지인 추천이나 인터넷 글을 보고 엑기스를 구입해 드시는 경우가 있습니다. 이 엑기스들은 특별한 진단 없이 몸에 좋다고 알려진 약재들을 대량으로 달여 만든 경우가 많습니다. 하지만 모든 사람에게 그런 '보약'이 필요한 것은 아닙니다. 오히려 기운이 위로 치솟아 불면이나 가슴 두근거림을 유발하거나, 소화기계를 부담시켜 체하거나 설사를 유발하는 경우도 많습니다. 엑기스를 먹고 오히려 건강이 나빠졌다는 분들이 진료실에 종종 찾아옵니다. 문제는 이런 경우조차도 "한약 먹고 탈 났다"라는 식으로 오해가 생긴다는 것입니다.

이처럼 한의사의 진단과 조제가 배제된 채 '한약처럼 보이는 것들'이 유통되고 있는 현실은 한약에 대한 오해와 불신을 키우고 있습니다. 정작 한약은 환자의 상태를 정밀하게 판단해 처방되고, 현재 복용 중인 약들과의 상호작용까지 고려해 조제되는 안전한 의약품입니다.

그렇다면 반대로 양방은 어떨까요?

현실적으로 한국의 의료 시스템에서는 하루에도 수 가지 약을 동시에 처방받는 일이 다반사입니다. 고혈압, 당뇨, 고지혈증만 있어도 3~4가지 약은 기본이고, 여기에 통증이 있으면 진통제, 염증이 있으면 소염제, "잠이 안 온다" 하면 수면제까지 줄줄이 따라옵니다. 이렇게 복용하는 약이 많아지면 간이 감당해야 할 부담은 커질 수밖에 없습니다.

하지만 정작 이런 다약제 복용에 대한 경계는 별로 없습니다. 오히려 한약 한 첩에 대해선 마치 위험물 다루듯 경계합니다. 과연 무엇이 더 간을 힘들게 하는 걸까요? 간이 힘들어지는 것은 '한약이기 때문'이 아니라, '과잉 약물 복용'이기 때문입니다. 몸에 필요하지 않은 약을, 서로 상충될 수도 있는 약들을, 너무 많이 그리고 무분별하게 복용할 때 간은 쉬지 못하고 계속 일을 하게 됩니다. 한약 한 첩보다, 과도한 양약 복용이 오히려 간을 더 지치게 만들 수 있다는 점을 놓쳐선 안 됩니다.

더 나아가, 일부 양의사들의 태도 또한 문제입니다. 한약을 깊이 공부해 본 적 없는 이들이, 단지 자신이 모른다는 이유만으로 "한약은 간에 안 좋다", "한약은 검증되지 않았다"라는 식으로 말하는 경우가 있습니다. 모든 양의사가 그렇다는 것은 아니지만, 의료 전문가로서 타 분야에 대한 이해 없이 무작정 비난하는 태도는 지양되어야 합니다.

의사라는 직함이 모든 의약품의 전문가라는 뜻은 아닙니다. 양의사는 양약의 전문가이고, 한의사는 한약의 전문가입니다. 한약의 구성과 약리작용, 배합의 원리를 모른 채 단지 성분명 몇 개만 보고 부정적으로 판단하는 건 과학적인 접근이 아닙니다. 양의학적 기준으로만 약을 평가하려는 태도는 의료 다원주의를 무시하는 독선일 수 있습니다.

그렇게 한의학은 종종 '검증되지 않았다'라는 이유로 폄하되고, 한약은 아무 근거 없는 약인 것처럼 취급받기도 합니다. 그러나 수천 년간 임상적으로 축적되어온 한의학적 지식과 처방 체계는 그 자체로 하나의 체계이며, 여전히 많은 환자들이 실제로 혜택을 받고 있습니다.

결국, 중요한 건 약이냐 한약이냐의 문제가 아니라, 그 약을 누가, 어떻게 처방하느냐입니다. 한의사는 단순히 증상만 보고 약을 주지 않습니다. 체질을 보고, 흐름을 읽고, 그 사람의 몸에 꼭 맞는 약재를 꼭 맞는 양으로 배합해 줍니다. 그리고 양약과의 병용까지 고려해 섬세하게 치료를 조율합니다.

'간이 걱정된다'라는 이유로 한약을 멀리하고, 오히려 더 큰 위험이 될 수 있는 제품이나 양약을 무분별하게 복용하는 일이 없어야 합니다. 내 몸에 진짜 맞는 치료, 간까지 생각한 세심한 처방은 오직 전문적인 진단과 조제를 통해 이루어질 수 있습니다.

한약은 무턱대고 복용해서는 안 되는 '위험한 약'이 아니라, 오히려 잘 쓰면 간을 보호하고 회복시킬 수 있는 약입니다. 중요한 건, 전문가에게 진료받고, 내 몸에 맞는 방식으로 사용하는 것입니다.

그러니 막연한 불안으로 한약을 멀리하거나, 누가 만든지도 모를 제품에 기대는 일은 이제 멈춰야 합니다. 한약의 진짜 얼굴은, 한의사의 진단과 손끝에서 탄생합니다. 진짜 위험한 건, '한약처럼 보이는 것들'과, 지나치게 많은 양약들, 그리고 아무것도 모른 채 던지는 섣부른 말들입니다.

3장

한의사가 알려주는 '평생건강' 보장받는 법

A. 몸의 신호를 읽는 법

니 똥 굵다?
: 대변으로 읽는 건강의 비밀

"니 똥 굵다!"

한 번쯤은 들어보셨을 겁니다. 어쩌면 친구들끼리 웃으며 하는 말일 수도 있고, 누군가를 부러워할 때 농담 삼아 던지는 말일 수도 있지요. 그런데 이 말이 단순한 농담에 그치지 않는다는 걸 아시는지요. 한의사로 환자들을 진료하면서 느끼는 건데, 대변이라는 건 참 신기한 신호입니다. 겉으로 멀쩡해 보여도 대변만 보면 속 사정을 알 수 있고, 환자가 아무리 "괜찮다"라고 해도 대변 상태를 보면 그렇지 않다는 걸 알 수 있거든요.

그래서 저는 진료를 시작할 때 꼭 물어봅니다. "대변은 잘 보세요?" 그러면 대체로 환자들은 "네, 뭐… 잘 보는 편이에요."라며 대답을 합니다. 그런데 그 대답을 듣고 "아, 그렇군요." 하고 넘어가지 않습니다. 왜냐하면 '잘 본다'는 말이 생각보다 굉장히 주관적이거든요. 하루에 한 번 본다고 해도 시원하지 않게 보는 경우가 많고, 반대로 이틀에 한 번 보더라도 너무나 시원하게 본다면 그게 더 건강한 경우도 있습니다. 그래서 저는 자세히 물어봅니다. 횟수는 어느 정도인지, 모양은 어떤지, 색깔이나 냄새는 어떤지, 물에 뜨는지 가라앉는지, 보고 나서 개운한 느낌이 드는지. 이 작은 디테일들이 한 사람의 건강 상태를 추측할 수 있는 중요한 단서가 됩니다.

사실 대변이라는 건 우리의 최종적인 대사 산물입니다. 우리가 먹고, 소화하고, 흡수하고, 남은 것이 대변입니다. 그러니까 대변은 음식이 아니라, '몸의 상태'가 나오는 거지요. 예전에 조선 시대에는 임금님의 건강 상태를 점검할 때, 어의가 직접 임금의 대변을 살폈습니다. '매화'라고 불렀던 그 대변은 임금의 식사, 소화, 간과 장의 기능까지도 짐작할 수 있는 중요한 정보였기 때문입니다. 지금은 그럴 일이 없지만, 저 역시 환자의 얼굴빛, 말소리, 손발의 온도와 함께 대변 상태를 꼭 확인합니다. 눈에 보이는 것이 다가 아니기 때문이지요.

대변을 자주 본다고 해서 꼭 건강한 건 아닙니다. 예를 들어 하루에 세 번씩 대변을 보는데도 항상 설사처럼 묽고, 냄새가 심하고, 보고 나도 개운하지 않다면 이는 소화계통의 기능이 저하되었거나 장이 예민해졌다는 뜻일 수 있습니다. 반대로 3일에 한 번 보더라도 모양이 좋고, 냄새가 지나치지 않고, 보고 나서 편안하다면 장은 건강한 상태일 가능성이 높습니다. 결국, 중요한 건 '내 몸에 맞는 리듬과 질감', 그리고 배변 후의 '개운함'입니다.

가끔 환자들이 "전 매일 대변을 보는데요?"라고 말하면서도 소화가 안 되고, 잠을 못 자고, 머리가 아프고, 피부가 뒤집어졌다고 호소합니다. 이럴 때 저는 "그렇다면 그 대변이 진짜 잘 나온 걸까요?"라고 되묻습니다. 대변을 본다고 해서 다 비운 게 아닙니다. 음식물 쓰레기통을 예로 들어볼까요? 쓰레기통을 비우러 가서 대충 버리고 오면, 겉으론 비운 것 같아도 냄새는 남고, 찌꺼기가 구석에 남아있겠지요. 그게 쌓이면 결국 더 많은 문제를 만듭니다. 몸도 마찬가지입니다. 대변이 잘 나왔다고 생각해도, 잔변감이 남고 속이 더부룩하다면 사실은 다 비우지 못한 겁니다. 이런 상태가 반복되면 점점 장 기능은 느려지고, 체내 노폐물은 쌓이고, 결국 몸 전체에 영향을 미칩니다.

설사의 경우도 마찬가지입니다. 꼭 나쁜 게 아닙니다. 몸이 상한 음식을 먹고 이를 독으로 인식하면, 무르게 만들어 빨리 배출하려 합니다. 술을 많이 마신 다음날 설사를 하는 것도 같은 원리입니다. 몸이 술을 독으로 여겨서 재빨리 내보내려는 반응이죠. 그런데 어떤 사람은 오히려 술을 마시고 변비가 되기도 합니다. 체질과 장의 반응 방식이 다르기 때문입니다. 같은 상황에서도 사람마다 몸의 반응은 달라질 수 있고, 그래서 진단도 각각 달라져야 합니다.

　요즘은 과민성대장증후군이라는 진단을 받는 분도 많습니다. 어떤 날은 변비였다가, 어떤 날은 설사였다가, 스트레스 받으면 장이 바로 반응하는 증상입니다. 그런데 이 병의 본질은 '장이 나쁘다'는 것이 아니라, '몸이 예민해졌다'라는 데 있습니다. 같은 자극에도 어떤 사람은 잘 견디고, 어떤 사람은 바로 반응합니다. 마치 작은 보트는 파도에 쉽게 흔들리고, 큰 배는 잘 견디는 것처럼요. 그러니 치료도 자극을 줄이기보다, 그 자극을 견딜 수 있는 내 몸의 역치를 높이는 데 집중해야 합니다.

　한 번은 밥만 먹으면 구토하고, 두통이 심해서 병원을 전전하던 아이가 있었습니다. CT도 찍어보고 약도 써봤지만 아무런 호전이 없었지요. 한의원에 찾아온 그 아이를 진찰하면서 저는 장에 숙변이 심하게 쌓여 있다는 확신이 들었습니다. 숙변을 제거하는 처방을 하고, 2주 뒤 아이는 마치 다른 아이처럼 말끔해졌습니다. 하지만 치료는 거기서 끝나지 않았습니다. 숙변을 제거하니 이번엔 약한 비위가 드러났습니다. 비위를 보강해주니 전반적으로 더 건강해졌고, 몇 년 뒤 아이는 훌쩍 자라서 반가운 인사를 하러 다시 찾아왔습니다. 이런 경험을 할 때마다 느낍니다. 겉으로 보이는 증상만 쫓다 보면, 몸의 본질은 놓치기 쉽습니다. 결국, 중요한 건 몸 전체의 흐름을 이해하고 다스리는 것입니다.

장 건강을 회복하려면 꼭 뭔가를 '넣어야' 한다고 생각하는 분들이 많습니다. 유산균, 발효 음식, 건강 보조제…, 물론 도움 될 수는 있습니다. 하지만 저는 항상 먼저 '비우는 것'부터 강조합니다. 가득 찬 방에 아무리 좋은 물건을 들여놔도 엉망이 되듯, 비워야 채울 수 있습니다. 장도 마찬가지입니다. 먼저 깨끗이 비워야 유익균도 자리를 잡을 수 있습니다. 그리고 자주 대장 청소를 하는 분들도 계신데, 경우에 따라 도움이 되기도 하지만 너무 자주 하거나 습관처럼 하면 오히려 장의 자율적인 움직임이 약해집니다. 장은 민감한 장기입니다. 자극하지 말고, 회복시키고, 스스로 움직이게 도와주는 것이 중요합니다.

장 건강을 위해서는 '무엇을 먹느냐'보다 '어떻게 먹고, 어떻게 비우느냐'가 더 중요합니다. 따로 정해진 장에 좋은 음식은 없습니다. 섬유질이 많고, 발효가 잘된 음식, 정제되지 않은 곡물, 자연 그대로의 재료들이 좋다는 것은 모두 알고 계시겠지요. 하지만 그보다 더 중요한 것은 우리 몸의 상태를 잘 듣고, 맞춰가는 것입니다.

그래서 오늘도 저는 환자에게 이렇게 묻습니다.

"요즘 대변은 어떠세요?"

그리고 그 대답 안에서 몸의 전체 흐름을 들여다보려 합니다.

대변은 말이 없습니다. 대신 참 정직합니다. 몸이 아무리 괜찮다고 해도, 대변은 거짓말을 하지 않거든요. 그러니 오늘 하루, 여러분의 대변은 안녕하신가요? 그 물음에서부터 진짜 건강이 시작됩니다.

물이 많아도 문제, 적어도 문제
: 몸속 물 이야기

"물을 많이 마셔야 하나요?"

진료실에서 정말 자주 듣는 질문입니다. '사람 몸의 70%가 물'이라는 말을 떠올리며, 물을 적게 마시면 큰일 나는 줄 알고 일부러 물병을 들고 다니며 하루에 2리터, 3리터씩 억지로 마시는 분들도 계세요. 그런데 사실 물이라는 건 단순히 '얼마나 많이 마셨느냐'가 전부는 아닙니다. 진짜 중요한 건 바로, 그 물이 내 몸 안에서 '잘 쓰이고, 잘 빠져나가고 있느냐'입니다. 즉, 수분의 '순환'이 관건입니다.

우리 몸은 수도관처럼 일방통행 구조가 아닙니다. 오장육부가 정교하게 물길을 조절하면서, 들어온 물은 적절히 흡수되어야 하고, 다 쓰고 난 물은 노폐물과 함께 잘 빠져나가야 합니다.

이 흐름이 막히면 다양한 문제가 생깁니다. 어떤 분은 몸이 바싹 마르고, 어떤 분은 물이 몸에 고여 붓고 무거워지죠. 그래서 저는 이렇게 말씀드립니다. "물이 많아도 문제고, 적어도 문제입니다. 관건은 흐름이에요."

물이 부족하면 생기는 일들
: 마른 땅엔 나무가 자라지 않듯

물을 충분히 마시지 않으면, 몸은 말라가며 여러 증상을 나타냅니다. 입이 바짝 마르고, 혀가 갈라지며, 대변이 굳고 배출이 힘들어지고, 피부는 푸석푸석해지고, 때로는 두통이나 어지럼증, 만성 피로까지 이어질 수 있습니다. 특히 여름철이나 땀을 많이 흘리는 분들은 수분 손실이 더 크기 때문에 더욱 주의가 필요합니다.

한의학에서는 이런 상태를 '조(燥)'라고 표현합니다. 단순히 겉이 마른 게 아니라, 몸 안의 장부들 - 특히 폐, 대장, 비위 - 에서 수분 대사가 제대로 이뤄지지 않는 상태를 말합니다. 예를 들어, 비위가 조하면 음식이 잘 안 내려가고 소화가 느려집니다. 대장이 조하면 변이 딱딱해지고, 배변이 힘들어지죠. 폐가 조하면 마른기침이 나고 숨이 가빠집니다. 어떤 분들은 "물을 아무리 마셔도 계속 목이 마르다"라고 하시는데, 이는 물이 몸속에 스며들지 못하고 그냥 빠져나가 버리는 경우입니다.

메마른 땅에 비가 내리면 물이 스며들지 않고 흘러버리듯, 몸도 말라 있으면 물을 받아들이지 못합니다. 그래서 중요한 건 '물을 잘 흡수할 수 있는 몸'을 만들어주는 것입니다. 비위의 기능을 회복해, 내 몸이 수분을 받아들이는 능력을 회복해야 하는 것이죠.

얼마 전, 20대 여성 환자분이 내원하셨어요. 항상 피로하고, 입이 마르고, 피부도 거칠고, 눈이 자주 뻑뻑하다고 하셨습니다. 하루에 3리터 넘게 물을 마신다고 했지만, 증상은 전혀 나아지지 않았다고 하셨죠. 진찰 결과, 이분은 전형적인 '조(燥)' 상태였습니다. 물이 부족한 게 아니라, 물을 흡수할 수 없는 몸 상태였던 겁니다.

그래서 비위의 기운을 돋우고, 몸이 수분을 잘 흡수할 수 있도록 도와주는 한약을 처방했습니다. 두 달 후, 입과 눈의 건조함이 확 줄었고, 피부도 촉촉해졌으며, 피로감도 훨씬 덜하다는 피드백을 받았습니다. 마신 물의 양은 그대로였지만, 이제는 그 물이 몸에서 '제대로 쓰이고' 있었던 거죠.

물이 고여도 문제 : 고인 물은 썩는다

반대로 물이 몸속에 너무 많아도 문제가 됩니다. 대표적인 증상이 '부종'입니다. 아침마다 눈이 잘 안 떠지고, 얼굴이 푸석하고, 다리가 무겁고 눌렀을 때 자국이 천천히 올라오는 경우. 소변을 시원하게 보지 못하거나, 뭔가 물컹물컹하게 몸이 무거운 느낌이 지속될 때도 그렇습니다. 이런 분들이 자주 물어보시죠.

"물을 너무 많이 마셔서 그런가요?"

하지만 대개는 '물을 많이 마셔서'라기보다, '물이 빠지지 못해서' 그런 경우가 많습니다. 수분이 몸속에 정체돼버린 겁니다. 한의학에서는 이런 부종도 단순히 '물이 많다'라고 보지 않습니다. 어떤 장부의 기능이 떨어져 수분을 제대로 배출하지 못하는지를 중심으로 판단합니다.

예를 들어, 비허형 부종은 비장이 약해 수분 운반 기능이 떨어졌을 때 생깁니다. 식후에 더부룩하고, 소화도 잘 안 되고, 몸이 늘 무겁습니다. 폐허형 부종은 폐의 기능이 약해 수분을 밖으로 내보내지 못할 때 생깁니다. 얼굴이 자주 붓고, 숨이 차며, 감기를 자주 앓는 분들에게 많습니다. 신허형 부종은 신장의 기운이 약해 노폐물이 빠져나가지 못할 때 생깁니다. 특히 다리가 잘 붓고, 소변량이 줄고, 쉽게 피로해지는 특징이 있죠.

예전에 60대 여성 환자분이 오셨습니다. 아침마다 눈이 붓고 다리가 무겁다고 하셨어요. 병원에서는 특별한 이상이 없다고 했지만, 진찰 결과는 '신허형 부종'이었습니다. 신장의 기운이 약해 물을 제대로 배출하지 못하고, 그 수분이 하체에 정체되어 있었던 겁니다. 신장을 보하고 수분 대사를 도와주는 처방을 드렸고, 한 달 후에는 부종이 절반 이상 줄고, 전신 피로감도 훨씬 나아졌다고 하셨습니다.

결론은 하나, 순환이 답입니다

"물을 많이 마셔야 건강하다"라는 말, 절반은 맞고 절반은 틀린 말입니다. 중요한 건 '얼마나 마셨느냐'가 아니라, '내 몸이 그 물을 얼마나 잘 쓰고 있느냐'입니다. 물을 적게 마셔도 촉촉한 사람이 있고, 많이 마셔도 늘 건조한 사람이 있습니다. 그 차이는 바로 '순환'입니다.

몸속 수분은 저수지처럼 고여 있는 것이 아니라, 끊임없이 돌고 흘러야 건강합니다. 그래서 한의원에서는 단순히 "물을 더 마시세요"라고만 하지 않습니다. 어떤 물길이 막혔는지, 어느 장부가 힘들어하고 있는지를 보고, 그 흐름을 회복시켜 줍니다.

물이 잘 흘러야 살이 빠지고, 소화가 잘되고, 잠이 오고, 전반적인 기운이 올라옵니다. 마신 물이 몸에서 일을 하고, 쓰이고, 배출되는 구조가 제대로 작동해야 비로소 '수분 섭취'가 건강을 지켜주는 힘이 되는 거죠.

그러니 이제는 물을 얼마나 마셨는가보다, 내 몸이 그 물을 어떻게 다루고 있는가를 먼저 생각해보세요. 내 몸의 물길, 그 순환을 도와주는 것이 진짜 건강의 시작입니다.

땀으로 읽는 몸의 이상 신호
: 건강한 땀, 병든 땀 바로 알기

"선생님, 저는 땀이 너무 많아요."

"저는 반대로 땀이 안 나요."

진료실에서 땀에 관해 듣는 고민은 제법 다양합니다. 그런데 많은 분들이 땀을 단순히 더우면 흘리고, 운동할 때 흐르는 것 정도로만 생각합니다. 사실 땀은 우리 몸이 보내는 중요한 메시지입니다. 어디에서, 언제, 어떻게 나는지에 따라 몸속 열 상태와 진액의 흐름, 자율신경의 반응까지 알려주죠. 땀을 제대로 읽을 줄 알게 되면, 몸이 보내는 이상 신호를 조기에 발견할 수 있습니다.

가장 먼저 제가 주목하는 땀은 '도한'입니다. 자는 동안 흘리는 땀이 바로 그것이죠. 40대 워킹맘 환자분이 계셨는데, 밤마다 속옷이 흠뻑 젖을 정도로 땀을 흘리지만 춥지 않다고 하셨습니다. 이 상황은 단순한 식은땀이 아니라, 진액이 깊이 빠져나가는 병적인 상태였습니다. 이 땀은 곧 체력이 빠르게 떨어지기 시작했다는 경고입니다. 몸속 열을 내려주고 진액을 보충하는 치료만으로 2주 만에 땀이 현저히 줄었고, 결국 피로감도 눈에 띄게 사라졌습니다. 도한은 그냥 '잠에 든 김에 흘린 땀'이 아니라, 치료가 반드시 필요한 신호입니다.

그다음은 '자한'입니다. 아이를 데리고 내원한 부모님들이 특히 많이 물어보는 현상인데, "우리 아이는 땀을 너무 많이 흘려요"라는 걱정이 대부분입니다. 움직이면 땀 줄줄, 머리에 송글송글 땀, 자기 베개까지 흠뻑 젖는 아이들. 이런 경우 보약이나 홍삼을 주는 경우도 있지만, 실상은 열이 많은 체질이 땀을 배출하며 열을 식히는 경우가 많죠. 하루에 옷을 여러 벌 갈아 입고, 두꺼운 이불에 감싸 재우는 부모님의 반응도 흔한데, 어린아이는 스스로 체온을 잘 조절하지 못합니다. 오히려 열을 더 가두는 셈이 됩니다. 이럴 땐 과도한 보온보다는 차분히 '열을 식히는 치료'와 함께, 너무 덮지 않도록 해주는 것이 더 필요합니다.

그리고 '식한'이라는 땀도 있습니다. 밥만 먹어도 얼굴이 붉고, 땀이 이마에 송글송글 맺히는 상태인데, 흔히 위장에 열이 많을 때 발생합니다. 50대 남성 환자분은 밥만 먹으면 얼굴이 벌개지고 땀이 나서 곤란하다고 하셨습니다. 알고 보니 맵고 짠 음식, 잦은 외식과 술자리 때문이었습니다. 위장의 열을 내리는 치료와 식습관 조절을 병행하니, 얼굴 빨개짐도 줄고 과도한 땀도 점차 사라졌죠. 식한이 반복되면 만성 소화장애로 이어질 수 있으므로, 원인을 찾아 바로잡는 것이 중요합니다.

또 하나 주목할 신호는 바로 손, 발바닥에만 집중되어 흐르는 땀입니다. 특히 긴장하거나 스트레스를 받을 때 손발이 촉촉해지는 상황인데, 이는 자율신경계의 이상 반응입니다. 시험 기간에 손에 땀이 차 필기조차 버거웠던 10대 여학생 환자분이 기억납니다. 성격은 차분해 보였지만, 사실은 늘 긴장 상태였습니다. 심신 안정 치료와 수분 순환 조절을 병행한 결과 점점 증상이 줄었죠. 손발 땀은 단순한 불편함을 넘어서 신경계의 상태를 보여주는 신호이므로, 단순 제습 처치보다 원인을 다스리는 치료가 필요합니다.

그런데 많은 분이 "땀을 많이 흘리면 다이어트에도 좋지 않나요?" 하고 오해하십니다. 사우나에서 땀을 빼고 나서 "살 빠졌다"라고 착각하는 경우가 많지만, 사실 그 땀은 지방이 아니라 수분일 뿐입니다. 물을 마시면 다시 원상복구 되는 것이죠. 진정한 다이어트는 땀의 양이 아니라, 지방을 태우는 체온 상승과 근육 활동이 열쇠입니다. 억지로 땀을 내서 살을 뺀다는 것보다, 내 몸이 필요할 때 적절히 흘리는 땀이야말로 진짜 건강에 가까운 땀입니다.

　이렇게 땀은 단순히 많이 나느냐 적게 나느냐만으로 평가할 이야기가 아닙니다. 언제, 어디서, 왜 나는지를 살펴야 합니다. 도한, 자한, 식한, 국소 땀 등, 각각의 패턴은 몸 안 열과 진액, 자율신경 상태를 반영하는 신호입니다. 한의학에서는 이 신호를 통해 몸의 흐름을 읽고, 진액과 열의 균형을 맞추는 치료 방향을 정합니다. 땀을 억지로 참거나, 무작정 없애려고 하지 마세요. 몸이 보내는 메시지를 그대로 받아들이고, 그 땀을 통해 나를 이해한다면, 그것만으로도 건강을 회복하는 첫걸음이 됩니다. 스스로, "지금 내 몸이 이러는 이유는 무엇일까?" 하고 호기심을 갖고 한번 들여다보세요. 땀으로 읽는 몸이야말로, 내게 진짜 필요한 신호를 전하는 가장 순수한 언어일지도 모르니까요.

수족냉증, 증상은 하나라도 원인은 다양하다

"선생님, 애가 손발이 너무 차요."

진료실에서 정말 자주 듣는 말입니다. 손발이 찬 증상은 흔히 '냉증'으로 불립니다. 대부분 환자나 보호자는 이걸 체질적인 문제로만 보고, "추위를 많이 타니까 좀 더 따뜻하게 입혀야겠다", "혈액순환이 안 되는가 보다", "몸이 찬 체질이니까 한약으로 따뜻하게 해줘야겠다"라는 정도로 생각하고 오시죠. 어느 정도 맞는 말이긴 하지만, 이게 전부는 아닙니다.

한의학에서 수족냉증은 단순히 양기가 부족해서 생기는 증상으로만 보지 않습니다. 똑같이 손발이 차더라도 그 이유는 사람마다, 몸 상태마다 전혀 다를 수 있습니다. 우리가 자주 쓰는 말로는 '기허', '양허', '기체', '혈허', '어혈', '담음' 등의 진단명이 있는데, 그 안에 숨어 있는 몸의 작동 불균형을 살펴봐야 정확한 치료가 가능합니다. 중요한 것은 손발이 찬 것 자체는 어디까지나 '증상'일 뿐이라는 점입니다. 그 증상 뒤에 숨어 있는 원인이 무엇인지가 치료의 핵심입니다.

예를 들면, 진짜 몸이 냉해서 그런 분들도 있고, 겉은 차가운데 속은 뜨거운 경우도 있습니다. 이런 분들은 얼굴이 화끈 달아오르고 입이 마르며, 가슴이 두근거리고 잠을 못 이루기도 합니다. 신기하게도 이럴 때는 따뜻하게 해주는 게 오히려 독이 되기도 합니다. 몸은 이미 상체 쪽으로 열이 몰려 있는 상태인데, 그걸 더 따뜻하게 하게 되면 결국 상열감은 심해지고 하체 말단은 더 차가워질 수 있거든요.

또 어떤 분들은 혈이 부족해서 수족냉증이 옵니다. 말초에 영양이 전달되지 않기 때문이죠. 특히 여성분들에게 이런 경우가 많습니다. 어지럽고 피부가 건조하고, 월경이 불규칙하거나 양이 적고, 손톱이 잘 부러지고 머리카락이 자주 빠지는 식의 증상들이 함께 나타납니다. 이런 경우 따뜻하게 데우는 것보단 혈을 보충해주는 게 먼저입니다.

때로는 기혈순환이 원활하지 못해, 어딘가 막혀서 손발까지 열이 전달되지 않는 경우도 있습니다. 이런 경우엔 손끝 발끝이 저리고, 눌렀을 때 아프거나 시린 느낌이 있고, 경우에 따라 국

소적으로만 심하게 차가운 부위가 있기도 합니다. 이런 분들은 흔히 어혈이나 담음이 원인이 됩니다. 이 경우 역시 단순히 따뜻하게 한다고 해결되지 않습니다. 정체된 것을 뚫어줘야 비로소 말초까지 순환이 가능해지는 거죠.

이렇듯 손발이 차다는 단순한 증상 하나에도 원인은 정말 다양합니다. 그런데 많은 분들이 "내가 몸이 차서 그래", "한약 먹으면 좀 괜찮아지더라" 정도로만 생각하시고 정확한 진단 없이 보약부터 찾는 경우가 많습니다. 어떤 경우엔 몸에 열이 많은데도 수족냉증이 있으니, 몸을 덥히는 약을 먹고 오히려 더 안 좋아져서 다시 내원하시는 분도 계십니다.

또 이런 얘기도 자주 들립니다.

"겨울엔 좀 그런가 보다 했는데, 여름인데도 계속 손발이 시려요."

사실 진짜 수족냉증은 여름에도 나타납니다. 더운 날씨에도 에어컨 바람 한 번만 쐬어도 손발이 시려운 분들, 따뜻한 날인데도 양말을 꼭 신어야만 편안한 분들, 이런 경우는 단순한 온도 반응이 아니라 자율신경의 균형이 깨졌거나, 비위 기능이 약해졌거나, 혈허인 상태일 가능성이 높습니다. 계절에 관계 없이 수족냉증이 지속된다면, 그건 반드시 내 몸 안의 기능적 불균형을 살펴야 하는 시점입니다.

임상에서 기억에 남는 아이가 있습니다. 밥만 먹으면 구토를 하고, 심한 두통을 호소하며 몇 달간 병원을 전전하다가 저를 찾아온 아이였어요. 여러 병원에서 뇌 MRI도 찍어보고, 각종 검사도 다 해봤지만 별 이상이 없었고, 결국 '심리적 문제'로 분류되어 심리 상담을 권유받기도 했죠. 그런데 저는 아이를 진찰해보고 장에 숙변이 크게 쌓여 있다는 걸 알 수 있었습니다. 그래서 우선 숙변을 제거하는 처방을 내렸더니, 며칠 지나지 않아 구토도 멈추고, 두통도 사라졌으며, 무엇보다 항상 시리다던 손발이 따뜻해졌습니다. 이후엔 오히려 약해진 비위를 보강해주는 처방으로 치료 방향을 바꿨고, 아이는 건강을 되찾았습니다.

  이처럼 수족냉증은 독립된 병명이라기보다는, 몸 어딘가의 기능 이상에 따라 '동반되어 나타나는 반응성 증상'인 경우가 많습니다. 겉으로는 손발이 찬 증상 하나지만, 사실은 그 안에 다양한 원인이 숨어 있는 것이죠. 그래서 수족냉증을 단순히 따뜻하게만 하거나, 혈액순환제 하나로 해결하려 하기보다는, 내 몸의 전체적인 균형이 어디서부터 어긋나고 있는지를 먼저 살펴야 합니다.

  결국, 손발이 차다는 건 몸이 보내는 하나의 신호입니다. 그 신호를 놓치지 않고, 원인을 제대로 들여다보는 것, 그게 진짜 치료의 시작입니다. 손발을 따뜻하게 만들기 위해선, 체온계 숫자만 올릴 게 아니라 몸 안의 흐름을 바르게 조율해야 합니다. 몸이 보내는 신호에 귀 기울이고, 그 안의 이야기를 들을 수 있을 때, 손발의 온도뿐 아니라 삶의 온도도 함께 따뜻해질 수 있습니다.

어지럼증 : 원인에 따라
증상도 제각각

한의원에 오시는 분들 중 "요즘 자꾸 어지러워요"라고 말씀하시는 분들이 정말 많습니다. 병원에서 피도 뽑아보고 CT도 찍어봤는데 별다른 이상은 없다고 하니까 그냥 피곤해서 그런가 보다 하고 넘기다가, 계속 반복되다 보니 답답한 마음에 결국 한의원에 오시게 되는 거죠. 그런데 실제로 진료를 해보면, 그분들이 말하는 어지럼이라는 게 하나같지 않습니다. 어떤 분은 핑 도는 느낌이라고 하고, 어떤 분은 머리가 멍하다고 하고, 또 어떤 분은 눈앞이 하얘졌다가 깜깜해진다고 하시죠. 그래서 저는 항상 이렇게 물어봅니다.

"어떤 식으로 어지러우셨어요?"

우리가 흔히 '어지럽다'라고 하면 제일 먼저 떠올리는 게 '빈혈'입니다. 그런데 실제로 어지럼의 원인을 들여다보면, 빈혈은 그중 일부일 뿐이고 훨씬 더 다양한 원인들이 숨어 있습니다. 양의학적으로도 귓속 문제, 뇌혈류 문제, 심장 기능 저하, 혹은 혈압이나 혈당, 탈수 같은 전신 상태의 이상까지 정말 다양합니다. 특히 가장 흔한 어지럼은 '이석증'입니다. 고개를 돌릴 때 갑자기 세상이 빙글빙글 도는 느낌이 드는데, 그건 귀 안에 있는 작은 돌(이석)이 제자리에서 벗어나 전정기관을 자극하면서 생기는 증상입니다. 비교적 치료가 간단한 편이라 정확히 진단만 되면 쉽게 해결되기도 합니다. 또는 메니에르병처럼 귀에 물이 차는 병도 어지럼을 유발하는 대표적인 원인이고요.

그런데 이런 귀 문제 외에도 뇌혈류가 순간적으로 줄어들면서 어지럼이 생기는 경우도 많습니다. 대표적인 게 기립성 저혈압인데, 앉아 있다가 갑자기 일어날 때 '핑' 도는 경험을 해보신 분들이 많을 겁니다. 이건 심장이 순간적으로 혈압을 조절하지 못해 뇌로 가는 혈류가 부족해지면서 생깁니다. 심장의 리듬이 불규칙하거나 펌프 기능이 떨어져도 비슷한 어지럼이 나타날 수 있고요. 심하면 뇌졸중 같은 중대한 질환의 전조일 수도 있어서 주의가 필요합니다. 또 당뇨를 앓고 있는 분들이 식사를 거르거나 약을 조절하지 못해서 생기는 저혈당도 흔한 원인 중 하나입니다. 탈수나 전해질 불균형, 약물 부작용 역시 몸 전체의 균형을 무너뜨려 어지럼을 유발하곤 합니다.

한편으로는 이런 신체적 원인이 뚜렷하지 않은데도 어지러움을 호소하는 경우도 꽤 많습니다. 특히 가슴이 답답하고 숨이 막히는 듯하면서 어지럽다고 하시는 분들은 불안장애나 공황장애를 겪고 계신 경우가 많습니다. 어떤 분은 긴장만 하면 어지럽고, 어떤 분은 사람이 많은 곳에 가면 머리가 띵하면서 식은땀이 흐른다고 합니다. 이런 경우 단순히 신체 이상이 아니라 신경계, 즉 자율신경의 불균형에서 오는 어지럼일 수 있습니다.

이런 복잡다단한 의학적 원인들을 듣고 있자면, "그럼 대체 원인이 뭐냐"는 질문이 자연스레 나오게 되죠. 여기서 한의학적 관점이 도움이 됩니다. 한의학에서는 어지럼을 기혈의 상태, 장부의 기능, 담음의 축적 등 몸 전체의 흐름 속에서 바라봅니다. 그래서 같은 어지럼이라도 그 원인을 기혈허약, 간기상역, 습담, 신허 등으로 나누어 접근합니다.

예를 하나 들어볼까요. 젊은 여성분이 반복적으로 어지럽다고 오셨습니다. 진료실에 들어오실 때도 살짝 부축을 받고 오셨는데, 얼굴이 잔뜩 창백하고 손끝 발끝이 차가우며 자주 피곤하고 밥맛도 없다고 하셨습니다. 병원에서는 빈혈은 아니라더라 하셨지만, 저희가 보기엔 명백한 기혈허약형 어지럼이었습니다. 오랫동안 소식하고 체중조절을 하느라 기와 혈이 많이 약해져 있었던 겁니다. 머리까지 피가 충분히 공급되지 않으니 눈앞이 자주 캄캄해지고 핑 도는 거죠. 이분은 보혈과 기운을 보강하는 치료를 석 달 정도 받으시고는 어지럼이 거의 사라졌습니다.

반대로, 직장인 남성분이 갑자기 어지러움과 두통을 동반해서 오신 적이 있습니다. 일이 많고 스트레스도 심하셨고, 혈압도 다소 높았습니다. 얼굴은 벌겋게 상기되어 있고, 가슴이 답답하며 성질이 예민해졌다고 하셨죠. 이런 분은 간의 기운이 위로 치솟는 간기상역형 어지럼입니다. 한의학에서는 간이 스트레스와 밀접한 장기이기 때문에, 스트레스를 오래 받으면 간의 기운이 자연스럽게 내려가지 못하고 위로 올라오면서 어지럼, 두통, 눈 충혈, 불면 같은 증상들이 생긴다고 봅니다. 이분은 간기를 다스리고 열을 내려주는 치료를 하자 훨씬 편안해졌다고 하셨어요.

또 이런 분도 계셨습니다. 60대 여성 환자였는데, 머리가 늘 멍하고 무겁고, 가끔은 메스껍고 집중도 잘 안 된다고 하셨습니다. 어지럼은 식사 후에 심해지고, 비 오는 날이나 눅눅한 날엔 특히 더하다고 했지요. 이런 경우는 습담이 위로 올라온 경우입니다. 몸 안에 찌꺼기와 습기가 쌓여서 맑은 기운이 위로 가지 못하고 머리를 자극하는 것입니다. 치료는 단순히 어지럼만 잡는 게 아니라, 위장을 튼튼하게 하고 습담을 제거해주어야 합니다. 실제로 이분은 위장 기능을 도와주는 한약과 침 치료를 병행하면서 증상이 현저히 좋아졌고, 오히려 소화도 잘되고 몸도 가볍다고 하셨습니다.

그 외에도 신장의 기운이 약해지면서 나타나는 어지럼도 많습니다. 특히 연세가 좀 있으신 분들 중에 어지럼과 함께 이명(귀 울림), 기억력 감퇴, 요통 등을 함께 호소하신다면 신허형 어지럼을 의심해볼 수 있습니다. 이 경우에는 몸의 기초 체력을 다지는 치료, 즉 보신(補腎) 치료를 통해 전반적인 회복을 도모하게 됩니다.

이렇듯 어지럼은 하나의 증상이지만 그 속에 숨은 원인은 무척 다양합니다. 몸의 균형이 깨졌다는 하나의 신호일 수 있고, 큰 병의 전조가 될 수도 있으며, 혹은 단순히 피곤해서 생긴 신호일 수도 있습니다. 중요한 건, 내 몸이 왜 어지러움을 보내고 있는지를 정확히 파악하는 것입니다.

어떤 분들은 어지럼이 생기면 무조건 철분제부터 드십니다. 또 어떤 분은 "그냥 피곤해서 그렇겠지" 하고 넘기다가 점점 일상이 무너지는 경우도 봤습니다. 어지럼은 때로는 몸이 보내는 구조 신호일 수 있습니다. 그것을 무시하지 않고, 적절한 진단과 치료로 접근한다면 어지럼은 결코 두려운 증상이 아닙니다.

한의학이 좋은 점은 이렇게 몸 전체의 흐름을 보고 치료한다는 데 있습니다. 단지 머리만, 귀만 보지 않고, 몸 전체가 하나의 시스템이라는 관점에서 접근하죠. 그래서 어지럼을 치료하면서 함께 소화도 좋아지고 잠도 잘 자고 스트레스도 줄어드는 경우가 많습니다. "머리가 핑 도는" 그 순간에도, 우리 몸은 무언가 말을 하고 있는 겁니다. 그 신호를 잘 듣고, 잘 다스려주면, 어지럼 없이 중심 잡힌 하루를 살 수 있을 것입니다.

13. 마음과 소화기, 몸의 중심을 되돌아보다

익숙한 식사가 당신의 위장을 망가뜨리고 있습니다

"소화가 너무 안 돼요."

진료실에서 가장 자주 듣는 말 중 하나입니다. 그런데 이어지는 말은 대부분 비슷합니다.

"내시경은 했는데요, 별 이상은 없대요."

검사상으로는 문제없다는데 정작 본인은 먹고 나면 더부룩하고, 속이 쓰리고, 답답해서 일상생활이 힘들다고 호소하십니다. 결국은 원인을 찾지 못한 채 '기능성 소화불량'이라는 진단을 받고 진통제나 위산억제제를 처방받는 경우가 많지요. 이럴 때 저는 이렇게 묻습니다.

"혹시, 평소 식사는 어떤 걸 드시나요?"

대부분은 "그냥 평범하게요. 밥 먹고, 샐러드도 챙겨 먹고, 과

일이나 주스도 자주 먹어요"라고 말씀하시죠. 사실 그게 문제일 수 있습니다. 우리는 '건강한 음식'이라고 알고 있었던 것들이, 지금 내 몸에는 오히려 독이 되고 있을 수도 있습니다.

위장은 단순한 소화기관이 아닙니다. 아주 민감하게 반응하는 '살아 있는 조직'입니다. 아무리 좋은 음식도 그걸 받아들일 준비가 안 되어 있다면 위장은 곧바로 반응합니다. 그런데 많은 분들이 "이 음식은 좋다더라", "이건 건강식이니까 괜찮겠지" 하며 무심코 먹고는, 왜 내 위장은 점점 더 힘들어지는 걸까 고민하곤 합니다.

예를 들어 생야채, 과일, 녹즙, 착즙 주스 같은 음식들. 건강을 위해 매일 먹는 분들도 많으시죠. 하지만 위장이 약한 사람에게 이 음식들은 생각보다 큰 부담입니다. 날음식은 차갑고 성질이 서늘해 위장의 열을 꺼트립니다. 우리 몸은 따뜻해야 순환이 잘 되고, 소화도 활발한데, 찬 기운이 자꾸 들어오면 연동운동도 느려지고, 위장 점막도 약해지게 됩니다.

"샐러드 먹고 나면 속이 답답하고 트림이 올라와요."

"과일 주스를 마시면 속이 더 거북해져요."

이런 얘기, 사실 진료실에서 아주 자주 듣습니다. 생야채가 건강한 음식이라는 건 맞지만, 그건 위장이 건강한 사람에게 해당되는 말입니다. 위장이 약한 사람에겐 삶고 찌고 볶은 따뜻한 음식이 훨씬 더 편안합니다. 국물 있는 찌개나 죽, 밥과 반찬 위주의 따뜻한 식사가 소화기에는 훨씬 더 좋은 선택이죠.

또 하나, 많은 분들이 오해하는 음식이 바로 '우유'입니다. "우유는 몸에 좋잖아요?", "성장기에는 꼭 마셔야 한다고 하던데요." 우유가 아이들에게는 도움이 될 수 있습니다. 하지만 성인, 특히 위장이 약한 성인에게는 전혀 다른 이야기입니다.

한국 성인의 대부분은 유당불내증을 가지고 있습니다. 유당은 우유 속에 들어 있는 당분인데, 이걸 분해할 수 있는 효소가 부족해서 제대로 소화되지 못합니다. 결국, 위장에서 발효가 일어나고, 복부 팽만, 속쓰림, 트림, 구역감 같은 증상이 생기게 되죠. 어떤 분들은 우유를 끊기만 해도 소화가 훨씬 나아지고 피부도 깨끗해졌다고 말합니다.

특히 피부염이나 아토피가 있는 경우, 우유는 염증을 유발하는 습열(濕熱)을 증가시켜 증상을 악화시킵니다. 크림, 카페라떼, 요거트, 치즈 같은 유제품도 마찬가지입니다. 우유는 송아지를 위한 음식입니다. 성장기 이후까지 마시는 것이 과연 좋은 선택인지, 위장이 약하다면 한 번쯤 다시 생각해봐야 합니다.

아침마다 미숫가루를 타서 드시는 분들도 많습니다. 간편하고, 건강에 좋다고 하니 챙겨 마시죠. 그런데 이 가루 음식이 위장에 또 다른 부담이 됩니다. 분말 형태는 소화가 쉬울 것 같지만, 실제로는 입안에서 침과 섞이면서 점성이 생기고 위장에서 많은 소화액을 필요로 합니다. 특히 공복에 가루 음식만 먹게 되면 위장이 자극을 받아 더부룩하고 무거워지는 경우가 많습니다.

한의학적으로는 이를 '습담이 쌓인다'라고 표현합니다. 탁한 기운이 위장을 감싸고, 순환이 느려지며, 소화가 더디게 되는 것이죠. 밀가루 음식, 곡물 셰이크 등도 같은 맥락에서 위장에 부담을 줄 수 있습니다. 건강식으로 여겼던 가루 음식 대신, 따뜻한 밥 한 숟가락이 훨씬 더 위장에는 좋을 수 있습니다.

그리고 가끔 환자분들이 체했을 때 손끝을 따는 분들도 계십니다. 피가 시커멓게 나왔다며 시원했다고 말씀하시는데, 사실 한의학적으로도 '십정혈'이라는 혈자리를 자극하는 방법이 있긴 합니다. 하지만 실제로 손을 따는 건 감염의 위험도 있고, 자칫 효과보다 부작용이 더 클 수 있어 저는 권하지 않습니다.

그보다는 손발을 따뜻하게 하고, 명치에서 배꼽 사이를 손으로 천천히 눌러보면서 아픈 부위를 찾아 살살 마사지하는 것이 더 안전하고 효과적입니다. 체했을 때 손발이 차가워지는 건 위장으로 혈류가 몰려 말단의 순환이 떨어졌다는 신호입니다. 그럴 때는 손을 따는 것보다, 손발을 따뜻하게 해주는 것이 훨씬 도움이 됩니다.

소화불량은 단지 위장의 문제만은 아닙니다. 위장은 마음과 직결된 장기입니다. 스트레스나 긴장이 많아지면 위장은 금방 반응합니다. 아마 많은 분들이 경험하셨을 겁니다. 중요한 일을 앞두고 긴장했을 때 속이 미식거리고, 식욕이 떨어지고, 심하면 설사까지 하게 되는 경우. 실제로 스트레스로 인한 위염, 기능성 소화불량은 아주 흔합니다.

생각이 많고, 걱정이 많고, 긴장이 지속되면 위장의 연동운동이 느려지고, 위산 분비도 불규칙해집니다. 평소엔 잘 소화하던 음식도 갑자기 체하거나, 평소 안 그랬던 입 냄새, 트림, 속쓰림이 생기게 되는 거죠.

그래서 저는 환자분들께 자주 말씀드립니다.

"소화기가 약한 분들은 오히려 조심해서 드세요. 그런데 소화 잘된다고 믿고 무심코 드시는 분들이 더 쉽게 위장이 고장 납니다."

처음엔 문제없다가 나중엔 도저히 회복이 안 될 정도로 위장이 망가지는 경우도 있습니다.

소화불량은 단순히 음식만의 문제가 아닙니다. 평소 수면, 스트레스, 생활 습관이 복합적으로 작용하는 문제입니다. 그래서 당장의 약보다는, 식습관을 하나하나 돌아보고, 생활 리듬을 점검하고, 스트레스를 줄이는 노력이 병행되어야 합니다.

익숙하다고, 건강하다고 믿고 먹었던 음식들이 사실은 내 위장을 점점 더 약하게 만들고 있다면? 지금이라도 돌아보셔야 합니다. 위장은 몸의 중심입니다. 위장이 무너지면 피곤하고, 머리가 무겁고, 기운이 빠지고, 면역력도 떨어집니다. 그만큼 위장의 건강은 삶의 질과 직결됩니다.

내 위장이 보내는 작은 신호, 무시하지 마세요. 소화는 건강의 시작입니다. 지금 이 순간부터라도 위장을 위해 한 가지씩 바꿔보는 건 어떨까요? 따뜻한 밥 한 숟가락, 편안한 마음가짐, 조금은 느린 식사 속도가 지금의 위장을 살릴 수 있습니다. 그게 진짜 건강의 시작입니다.

감기도 아닌데 기침이 멈추지 않을 때
: 식도에서 시작된 문제

기침, 늘 폐 때문일까요?

기침은 누구나 한 번쯤 겪는 증상입니다. 감기만 걸려도 나오고, 목이 따갑거나 공기가 건조해도 나타납니다. 그래서 대부분은 기침을 기관지나 폐의 문제로 여깁니다. 실제로 급성 기관지염이나 폐렴 같은 호흡기 감염에서는 기침이 흔히 동반됩니다. 이런 경우 대개 1~2주, 길어도 3주 안에는 증상이 사그라들고 기침도 자연스럽게 없어집니다. 그런데 간혹 감기는 다 나은 것 같은데도 기침만 유독 계속되는 경우가 있습니다. 그 기침이 몇 주, 심지어 몇 달을 이어진다면 이야기는 달라집니다. 이럴 때 우리는 폐만 보지 말고 다른 쪽도 의심해봐야 합니다.

진료실에서 자주 듣는 말이 있습니다. "감기는 다 나았는데 기침이 멈추질 않아요." 또는 "밤만 되면 자꾸 기침이 나요." 낮에는 괜찮은데 밤이 되면 기침이 시작되고, 특히 누우면 심해져서 잠을 설치게 된다는 말도 흔히 들립니다. 이런 경우 기침의 원인을 위에서 찾아야 할 수도 있습니다. 바로 식도에서 시작된 문제, 즉 위산 역류가 원인일 수 있습니다. 놀랍게도 많은 분들이 기침을 폐와 기관지 쪽 문제로만 생각하고, 위장 쪽과 연결 짓지 못해 치료 시기를 놓치곤 합니다.

역류성 식도염은 일반적으로 속 쓰림이나 더부룩함 같은 증상을 떠올리게 합니다. 하지만 꼭 그런 증상이 동반되지 않습니다. 기침만 있는 경우도 많고, 특히 밤에 누우면 심해지는 기침은 식도 자극에서 비롯된 가능성이 큽니다. 누우면 위산이 중력의 영향을 덜 받게 되어 식도로 더 쉽게 역류하게 되거든요. 그래서 낮엔 괜찮다가도 밤에 기침이 심해지는 겁니다.

또한 이런 기침은 양상도 다릅니다. 감기처럼 세고 가래 섞인 기침이 아니라, 마른기침이 잔잔하게 계속됩니다. 때로는 헛기침처럼 느껴지기도 하고, 목 안 깊은 곳이 간질거리거나 쓰린 느낌, 이물감이 느껴지기도 합니다. 기침은 나오는데, 감기 같지는 않은 묘한 느낌이지요. 목에 뭔가 걸린 듯 답답하고, 아무리 기침을 해도 시원하게 나오는 느낌이 없습니다. 게다가 식사 후 더부룩하거나, 잦은 트림, 가슴이 화끈거리는 증상이 살짝 있다면, 더욱 위산 역류를 의심해봐야 합니다.

한 50대 여성 환자분은 감기를 앓고 난 후 한 달이 넘도록 기침이 멈추지 않는다고 내원하셨습니다. 폐 사진도 찍어봤고 항생제도 써봤지만 차도가 없었다고 하셨어요. 그런데 식사 후 더부룩하고 밤에 특히 기침이 심하다는 점에 주목해, 위장의 열을 내리고 식도 자극을 줄이는 방향으로 한약 치료를 시작했습니다. 2주일이 지나자 밤에 깨는 횟수가 줄었고, 4주 후엔 기침이 거의 사라졌습니다. 환자분은 "위 때문에 기침이 날 줄은 몰랐어요"라며 본인의 식사 습관까지 돌아보게 되었다고 하셨습니다.

또 다른 예로 30대 직장인 남성 환자는 목이 간질거리고 헛기침이 자주 나와서 오셨습니다. 회식이 잦고 야식과 음주가 일상화돼 있었고, 아침에는 입 냄새가 심하다고도 하셨지요. 폐 쪽은 문제없었고, 감기 기운도 전혀 없었습니다. 대신 속이 더부룩하고, 목에 이물감이 늘 있었는데, 결국 원인은 식도 자극과 위장 열이었습니다. 한약으로 위장의 열을 줄이고 순환을 도우며 식습관을 바꾸는 과정에서 기침은 점점 줄어들었고, 4주 정도 지나자 목이 편안하다는 말을 들을 수 있었습니다.

기침이 위에서 시작된 것이라면 접근도 달라져야 합니다. 단순히 기침약을 먹거나 폐를 강화시키는 방식이 아니라, 위장의 열을 식히고 식도의 자극을 줄이는 방향으로 가야 효과가 있습니다. 위산은 본래 우리 몸에서 없어서는 안 될 소화 성분입니다. 문제는 이 산이 있어야 할 자리를 벗어날 때입니다. 식도는 산에 취약하기 때문에, 위산이 조금만 올라와도 쉽게 염증이 생기고, 그로 인해 기침 반사가 유발됩니다.

하지만 이때 단순히 위산만 억제하는 것은 근본 해결책이 아닐 수 있습니다. 위산이 많아서가 아니라, 위장 자체의 운동성이 떨어지거나 장이 막혀 위에서 정체가 생기기 때문에 역류가 유발되는 경우도 많기 때문입니다. 특히 변비가 심한 분들은 장의 압력이 위로 올라가 위를 누르고, 그로 인해 위산이 식도 쪽으로 밀려 올라오는 현상이 나타납니다. 그래서 위 문제를 다룰 때 장의 상태도 반드시 함께 살펴야 합니다.

한 남성 환자는 소화는 괜찮다고 했지만, 자세히 물어보니 배변이 3~4일에 한 번꼴이었습니다. 트림이 잦고, 목에 뭔가 걸린 듯한 이물감과 기침이 동반됐습니다. 위장만 봐서는 해결이 어려웠던 이분은, 장의 흐름을 풀어주는 한약과 위장의 열을 내리는 치료를 병행하며 장이 편안해졌고, 그와 동시에 기침도 눈에 띄게 줄어들었습니다. 몸이란 결국 연결된 하나의 흐름이기 때문입니다.

병원에서는 흔히 위산 억제제를 처방합니다. 제산제나 PPI

같은 약들은 위산 분비를 줄여 식도 자극을 줄이는 데 일시적으로 효과가 있습니다. 하지만 장기 복용은 또 다른 문제를 낳습니다. 위산이 줄어들면 소화력이 떨어지고, 위장의 운동성도 저하될 수 있습니다. 위산은 음식물을 소화시키고 살균하는 역할을 하기 때문에, 이를 인위적으로 억제하기보다는, 왜 위산이 많아졌고 왜 역류가 되었는지 그 원인을 찾아야 합니다. 그 출발점은 식사 속도, 식사 시간, 식습관, 수면 자세, 배변 리듬, 그리고 스트레스까지 모두 복합적으로 작용합니다.

그래서 저는 이런 환자들에게 생활 속에서 실천할 수 있는 관리법을 함께 안내해드립니다. 식사 후 바로 눕지 않고, 잠자리에서는 베개를 두 개 겹치거나 상체를 약간 올려 자는 습관. 술과 담배는 최대한 피하고, 맵고 짠 음식이나 야식, 인스턴트 음식은 줄이기. 무엇보다도 장 건강을 함께 챙기고, 변비가 있다면 반드시 해소해주는 것이 위를 편하게 해주는 길입니다. 기침이 위에서 시작되었다면, 그 흐름을 위에서 아래로 자연스럽게 돌려주는 것이 관건입니다.

기침은 폐에서만 나오는 것이 아닙니다. 식도, 위장, 장까지—몸 안 어딘가의 흐름이 막히고 밀려날 때, 기침은 그 신호로 나타납니다. 특히 밤에 심해지는 기침, 감기는 끝났는데 기침만 계속되는 상황, 폐 검사는 정상인데 기침이 멈추지 않는

다면, 이제는 그 기침의 출발점을 바꿔서 생각해보셔야 합니다. 몸은 언제나 정직하게 신호를 보냅니다. 그 신호를 놓치지 말고, 흐름을 다시 회복해주는 것이 건강으로 가는 첫걸음입니다. 기침 하나도 가볍게 넘기지 마세요. 그 안에 숨겨진 몸의 이야기를 들여다보는 것이 진짜 치료의 시작입니다.

심열1 : 마음의 열을 내려라
- 불면, 소화불량의 원인 -

"요즘 잠이 잘 안 와요. 누워 있는데 머릿속에서 잡생각이 떠오르고, 가슴이 두근거려 자주 깨어나요."

이런 말씀을 진료실에서 참 자주 들어요. 잠을 못 이루면 피로가 쌓이고 피로해지면 예민해지고, 예민하면 다시 잠도 오질 않는 악순환이 반복됩니다. 그런데 이 증상이 단순히 잠이 부족해서가 아닐 수도 있다는 이야기를 드리면 조금은 놀라셔요. 저는 이렇게 말씀드립니다.

"사실 이건 단순한 불면이 아니라, '심열'이 올라와서 잠을 방해하고 있는 상태일 수 있어요."

심열. 한의학에서는 심장, 즉 '마음의 자리'에 열이 과도하게 쌓여 있는 것을 말합니다. 흔히 쓰는 "열 받았다"라는 표현처럼 속이 부글부글 끓는 느낌, 가슴이 두근거리며 얼굴이 뜨거워지는 경험들, 그게 바로 마음이 과열되어 있는 상태죠. 심열이 올라오면 우선 생각이 멈추질 않습니다. 누워 있어도 머릿속에서는 계속 잡생각이 들고, 누군가 한 말이 계속 맴돌며 곱씹히고, 이마저 멈추지 않아 밤이 길어지기도 하지요. 단순한 불면이 아니라, 마음과 생각이 지나치게 활성화된 상태, 이것이 심열로 인한 '기능적 불면'입니다.

이 열은 또 마음에서 끝나지 않고 몸으로 스며듭니다. 스트레스를 받으면 가슴이 답답하고 명치가 무거웠던 경험 있으시죠? 심장의 과열은 결국 위장을 압박합니다. 위장이 제자리를 못 잡고 떠오르며 '치받는' 느낌이 들거나, 속이 답답하고 트림이 올라오기도 하고, 목에 뭔가 걸린 느낌이 생겨요. 숨이 차거나, 하루에도 몇 번씩 "하…" 하는 긴 한숨이 쉬어지는 것도 역시 심열이 몸에 미치는 영향이지요. 여기에 덧붙여 "입안이 자주 헐어요"라고 말씀하시는 분들이 많습니다. 혓바늘이나 구내염처럼 입안이 예민해지는 것도 바깥이 아니라 속에서 뜨거운 열이 치솟고 있다는 증거일 수 있는 거예요.

이처럼 마음과 몸이 동시에 버겁고 예민해지면 사람들은 스스로를 "내가 원래 예민한 사람인 것 같다"라며 고개를 숙이기도 합니다. 하지만 저는 늘 이렇게 말씀드려요.

"그건 성격이 아니다. 몸이 보내는 신호인 거다."

심장이 뜨거워지면 자동으로 몸은 긴장하고, 그 긴장은 몸의 여러 부위에 나타납니다. 어릴 때 아토피, 사춘기 때 기분 기복, 성인이 되어서는 불면과 위장 문제로 나타나는 사람들을 보면, 체질적으로 열이 많은 사람들이 많습니다. 잔잔한 바다에 떠 있는 작은 배가 파도만 조금 일어도 크게 흔들리는 것처럼, 작은 자극에도 마음이 요동치고 몸이 흔들리는 사람들, 이것이 바로 심열이 높은 사람입니다.

이 상태가 괴로운 이유는, 심열을 내려야 잠도 자고 속도 편해지고, 마음도 차분해질 텐데 우리는 자꾸 열을 더 많이 쌓아가기 때문입니다. 매운 음식으로 스트레스를 푸는 것처럼 자극적인 선택이 오히려 몸속 열을 키우고, 그 열은 다시 예민한 변화를 만들고, 결국 피곤함과 불면, 소화불량이 다시 자리를 잡는 악순환이 생깁니다. 그 고리를 끊는 것이 바로 회복의 시작입니다.

그래서 저는 "심열을 끄는 한약"을 자주 처방합니다. 그런데 재미있게도 그런 한약을 복용하고 나서 많은 분이 "요즘 기운이 좀 빠지는 것 같아요"라고 말씀하세요. 예전처럼 띵하거나 힘 빠지는 그런 게 아니라, 오랜 시간 걸어온 긴 여정의 몸이 이제 "잠시 내려놔도 되겠다"라고 스스로 말하기 시작하는 느낌입니다. 시계태엽이 너무 팽팽하게 감겨 있으면 언젠가는 끊어지듯, 사람이 너무 긴장하고 버티면 어떤 순간에 무너집니다. 낮게 나른하게 느껴지는 그 순간이야말로 바로 시계태엽이 조금씩 풀리고 회복의 시작이 된다는 증거입니다.

하지만 중요한 건 여기에 생활 속 실천도 반드시 병행해야 한다는 점입니다. 우선 술, 매운 음식, 야식 같은 자극은 가급적 줄여야 합니다. 순간적인 마음 달램이 될지는 몰라도, 사실 속으로는 열을 더 깊고 오래 남기게 만드니까요. 그리고 충분히 자고, 쉬고, 머릿속 잡생각을 멈추는 것이 무료함처럼 느껴져도 몸과 마음에는 그 시간이 "나를 회복하는 시간"이 됩니다.

또 가벼운 산책, 스트레칭 같은 움직임도 좋습니다. 따뜻한 국물, 부드러운 음식은 몸을 촉촉하게 하고 속을 편안하게 합니다. 마음의 열을 식히는 데 음식도, 움직임도, 모두 중요한 역할을 합니다. 그리고 가까운 사람에게 요즘 마음이 어떤지, 스트레스는 어떤지 대화를 나눠보는 것만으로도 마음이 훨씬 더 안정됩니다. 나를 이해하는 공간이 있다는 사실이 큰 힘이 돼요.

정말 변화가 있는 순간은, 주변 사람들의 반응에서 나타납니다. "얼굴이 덜 붉고, 숨결이 조금 차분해 보이네", "평소보다 웃음이 더 편하게 느껴져" 이런 한마디에 "맞아, 나도 조금 달라졌어"라는 확신이 생깁니다. 너무 사소해서 무시하기 쉬운

데, 그 한마디 한마디가 진짜 회복의 신호입니다. 스스로 없던 힘일 수 있지만, 주변은 먼저 그 변화를 알아차립니다.

흔히 우리는 "괜찮은 척" 하며 버팁니다. 하지만 어떤 부분이 불편하면, 그건 내가 이미 지친 상태라는 뜻이에요. "잠깐 멈춰도 괜찮다", "충분히 쉬어야 한다", "가슴이 덜 답답해질 수 있다"라고 스스로에게 말해보세요. 그 말은 단순한 위로가 아니라 내 몸과 내 마음에 주는 허락입니다.

우리 삶에서 열을 없애는 것은 불가능합니다. 스트레스, 사람 관계, 일상의 자극은 늘 있으니까요. 그렇기에 우리가 해야 할 일은 열을 '잘 견디는 몸'을 만드는 것입니다. 마음의 역치가 높아지고, 자극에도 흔들리지 않는 몸이 되어야 합니다. 그제야 같은 자극에도 쉽게 흔들리지 않는, 잔잔한 바다 위의 사람처럼 살아갈 수 있습니다.

지금 이 글을 읽으며 "내가 이러고 있었지"라고 생각되었다면, 충분히 멈춰도 됩니다. 잠깐 내려앉아 숨을 돌아보고, 속의 열을 느끼고, 부드럽게 한숨 내쉬어보세요. "괜찮아, 조금 쉬면 괜찮아질 거야." 그렇게 자신을 다독이는 말 한마디가, 이미 다시 중심을 잡고 있다는 증거입니다. 너무 늦지 않았습니다. 지금, 조용히 중심을 회복해도 좋아요.

심열2 : 이제는 식히고 쉬어야 할 시간입니다

 마음이 뜨거워지면, 그 열은 곧장 몸으로 전해집니다. 몸은 곧장 반응하죠. 평소엔 사소하게 넘겼을 일에도 괜히 욱하고, 그냥 지나갈 수도 있는 말에 꽂히고, 머릿속 생각은 쉬지 않고 돌아갑니다. 하지만 사람들은 그걸 대개 '내가 예민해서 그런가 보다'라고 넘겨요. 사실 그렇지 않아요. 그건 몸이 피로와 긴장을 열로 바꿔서 반응하고 있다는 뜻이에요. 그러니 자책할 필요 없습니다. 예민한 성격이 문제가 아니라, 지금 내 몸이 너무 지쳐 있다는 신호일 수 있으니까요.

 진료실에서 자주 듣는 이야기 중에 이런 게 있어요.

 "검사하면 다 정상이래요. 그런데 자꾸만 속이 더부룩하고 답답하고, 트림이 올라오고, 명치가 꽉 막힌 것 같아요."

이런 분들에게 저는 이렇게 설명해 드려요. 그건 단순히 위장의 문제만이 아니라, 몸의 위쪽은 뜨겁고 아래쪽은 차가운 상태, 즉 상열하한의 전형적인 모습이에요. 위는 뜨겁고, 아랫배는 차갑고, 그래서 전체적으로 순환이 막혀 있는 상태죠. 뜨거운 기운은 위로 올라가고, 찬 기운은 밑에 머물러 있으니까, 가운데가 꽉 막혀서 안 내려가니 트림이 자주 나오고, 가스가 차고, 숨이 깊이 들어가지 않는 거예요.

이 상태를 한의학에서는 수승화강이 안 되는 상태라고 표현해요. 물은 올라가고, 불은 내려가야 몸의 순환이 잘 되는데, 지금은 그 흐름이 뒤집혀 있는 거죠. 마음이 답답하고, 숨이 짧아지고, 명치가 꽉 막히는 느낌은 다 거기서 오는 거예요. 문제는 이 상태가 반복되면 점점 더 피곤해지고, 피곤하니까 더 자극적인 음식이나 자극적인 활동을 찾게 되고, 그게 다시 몸의 열을 키우고, 몸은 또 반응하고. 이게 끝없이 이어지는 악순환입니다.

그래서 치료의 첫걸음은 그 악순환의 고리를 끊는 거예요. 많은 분들이 치료하면 뭔가 특별하고 강력한 뭔가가 있어야 한다고 생각하시지만, 오히려 심열을 다스리는 데는 '덜어내는 것'이 훨씬 중요해요. 쌓인 열을 없애는 게 아니라, 더 이상 열이 들어오지 않도록 막고, 이미 있는 열이 빠져나갈 수 있도록 길을 터주는 것. 그게 핵심입니다.

  가장 먼저 필요한 건 쉬는 거예요. 말처럼 쉬운 일이 아니죠. 바쁜 일상에서 '쉬다'라는 건 때로는 죄책감처럼 느껴지기도 하니까요. 하지만 진짜 회복은 바로 그 멈춤에서 시작돼요. 하루에 단 5분이라도 괜찮아요. 아무것도 하지 않고, 조용히 숨만 쉬어보세요. 스마트폰도 끄고, 말도 줄이고, 그냥 눈 감고 내 호흡에 집중하는 겁니다. 처음엔 지루하고 멍한 느낌이 들 수도 있지만, 그게 바로 몸이 '열을 덜기 시작한 신호'입니다.

  그다음은 자극적인 음식들을 줄이는 겁니다. 맵고 짜고 기름진 음식, 특히 늦은 시간의 야식은 심열을 더 키우는 주범이에요. 술도 마찬가지예요. 술 한잔으로 긴장이 풀리는 것 같지만, 사실 그 열은 몸 안에 더 깊이 남습니다. 마치 불에 기름을 붓는 것처럼요. 이럴 때는 오히려 부드럽고 따뜻한 음식, 예컨대 흰쌀밥이나 뭇국처럼 위를 편하게 해주는 음식을 먹는 게 훨씬 좋습니다. 몸은 그런 음식을 통해 안정을 얻고, 속도 차분해지고, 마음도 덜 흔들리게 되죠.

  심열이 있을 때 흔히 나타나는 또 하나의 문제는, 감정의 기복이에요. 자주 욱하거나 별일 아닌데 눈물이 나고, 누군가 한 말에 마음이 크게 흔들리는 상태. 그러다 보면 스스로를 더 탓하게 되고, 자책하게 돼요. 그런데 저는 이렇게 말씀드려요.

"그건 당신이 나약해서가 아니고, 지금 당신의 배가 너무 작은 배라서 그런 겁니다."

파도가 치는 바다 위에 작은 배 하나가 있다면, 당연히 흔들리겠죠. 그런데 그건 배가 나쁘다는 뜻이 아니라, 지금 파도에 맞서기엔 너무 작아진 상태라는 뜻이에요. 이럴 땐 파도를 멈추게 하는 게 아니라, 배를 키우는 게 먼저예요. 몸을 튼튼하게 하고, 마음이 휘청거리지 않도록 중심을 잡는 것. 그게 바로 심열 치료의 방향입니다.

한약을 쓰는 것도 이 과정의 일부예요. 저는 심열을 다스리는 약을 쓰되, 그 약이 전부라고 생각하지 않아요. 오히려 그 약은 몸이 긴장을 풀 수 있는 조건을 만들어주는 역할을 해요. 열을 조금 내려주고, 위장을 편안하게 해주고, 밤에 잠이 깊어질 수 있게 도와주는 거죠. 그런데 약을 쓰는 것만큼 중요한 건, 그 약을 받쳐줄 수 있는 일상의 변화예요. 쉬고, 덜 먹고, 천천히 움직이고, 자극을 줄이고, 나 자신에게 조금 더 친절해지는 것. 이런 변화가 쌓이면 어느 순간 "이제 안 힘든 것 같아요"라는 말이 자연스럽게 나옵니다.

무엇보다 가장 확실한 변화는 주변에서 알아차립니다. "요즘 좀 차분해졌네요." "요즘 예전보다 덜 피곤해 보여요." 그런 말을 듣는 순간, 내가 몰랐던 변화가 이미 시작된 거죠. 몸은 정직해서, 진짜 회복이 시작되면 반드시 표정과 눈빛, 숨결에서 티가 납니다. 그래서 저는 늘 말씀드려요.

"몸은 거짓말을 못 해요. 내가 괜찮아진다는 걸, 제일 먼저 아는 건 내 몸이에요. 그걸 믿으셔도 좋아요."

지금 이 순간에도 혹시 가슴이 답답하고, 생각이 끊이지 않고, 잠이 잘 안 오고, 속이 불편하고, 욱하는 마음이 자주 올라온다면, 이렇게 스스로에게 물어보세요.

"혹시, 내 마음이 열 받고 있는 건 아닐까?"

그 질문 하나가 치료의 시작이 될 수 있어요. 그리고 그 질문에 스스로 "그래, 내가 좀 열 받았구나. 이제는 좀 쉬자"라고 말해보세요. 그 말에는 이미 당신을 회복시킬 힘이 담겨 있습니다. 이제 괜찮아요. 열을 내리고, 중심을 되찾고, 차분해지기 위한 첫 발걸음은 그리 멀지 않아요. 바로 지금, 여기서부터 시작하면 됩니다.

C. 통증, 겉만 보지 말고 흐름을 보자

허리가 아픈 진짜 이유는 따로 있다

허리가 아프면 제일 먼저 떠오르는 게 디스크나 협착증입니다. 병원에서 엑스레이나 MRI를 찍고 디스크가 있다는 말을 들으면, '아, 이게 내 통증의 원인이구나' 하고 단정하기 쉽죠. 그런데 진료실에서 만나게 되는 실제 환자분들의 상황은 꼭 그렇지만은 않습니다.

실제로는 허리 자체보다 골반의 정렬 문제나 엉덩이 근육의 기능 저하가 더 큰 원인인 경우가 많습니다. 우리가 허리를 숙인다고 할 때 실제로는 허리보다 골반이 더 많이 움직이는 구조인데요, 정작 많은 분들은 통증이 느껴지는 허리만 계속 주시합니다. 그렇게 되면 허리의 작은 근육들이 큰일을 떠맡게 되고, 시간이 지날수록 피로가 쌓이면서 통증이 시작되는 겁니다.

예를 들어볼게요. 45세 직장인 한 분이 계셨는데, 하루 종일 앉아서 일하다 보면 허리가 너무 뻣뻣하고 아침엔 일어나기 힘들 정도라고 하셨어요. 디스크 진단을 받고, 몇 차례 스테로이드 주사를 맞았지만 효과는 잠시였고 다시 통증이 반복됐습니다. 그분의 골반을 확인해 보니 한쪽이 아래로 처져 있었고, 중둔근은 거의 제 기능을 하지 못하고 있었습니다. 결국, 허리 근육이 혼자 다 감당해 온 셈이죠. 그래서 추나 치료로 골반의 정렬을 바로잡고, 집에서는 브릿지 운동을 통해 둔근을 강화하도록 했습니다. 4주쯤 지나자 아침의 뻣뻣함이 줄었고, 3개월 후에는 거의 통증 없이 생활하셨어요. "디스크 때문인 줄 알았는데, 몸이 제대로 움직이지 않았던 거였네요."라는 말씀이 참 인상 깊었습니다.

또 60대 여성 환자분은 걸을 때마다 허리가 흔들리고 통증이 심하다고 하셨어요. MRI에서는 별다른 이상이 없었지만, 실제로 보니 골반이 한쪽으로 많이 틀어져 있어서 중심이 계속 흔들리고 있었던 거죠. 추나 치료와 한약, 근육 강화 운동을 함께 하셨고, 6개월 후에는 "이제 걸을 때 허리가 안 흔들려요."라고 웃으며 말씀하셨습니다.

이처럼 허리 통증은 단순히 구조물의 문제로만 볼 수 없습니다. 몸 전체의 균형과 움직임이 얼마나 조화로운지가 더 중요할 때가 많습니다.

　많은 분들이 통증이 있을 때 스테로이드 주사나 진통제만으로 버텨보려 하시지만, 그것은 증상만 잠깐 눌러주는 임시방편일 뿐입니다. 반복적인 주사는 근육과 인대를 약화시키고, 오히려 퇴행성 변화를 부추길 수 있습니다. 진짜 치료는 통증의 뿌리를 찾아 정렬을 바로잡고, 근육이 제 역할을 하도록 만드는 것에서 시작돼야 합니다.

　수술도 마찬가지입니다. 급성 외상이나 심각한 골절처럼 특별한 상황이 아니라면, 대부분의 허리 통증은 수술 없이도 회복이 가능합니다. 수술을 했더라도, 정렬 회복과 근육 재활을 병행하지 않으면 다시 통증이 생기기 쉽습니다.

　실제로 50대 남성 환자분 한 분은 수년 전 요추 디스크 수술을 받으셨지만, 반년쯤 지나자 다시 허리가 불편해졌다고 하셨어요. 재수술을 권유받았지만 불안한 마음에 저희 한의원으로 오셨고, 추나 치료와 한약, 엉덩이 근육 운동을 병행했습니다. 4개월쯤 지나 통증은 거의 사라졌고, 지금은 골프와 등산을 다시 즐기고 계십니다. 수술 그 자체보다도 그 이후의 관리가 훨씬 더 중요하다는 사실을 보여주는 사례였죠.

　그래서 저는 환자분들께 늘 이렇게 말씀드립니다.

　"허리가 아프면 요추만 보지 말고, 골반과 근육의 정렬 상태부터 점검해 보세요. 골반이 바로 서야 척추가 안정되고, 엉덩이 근육이 일하면 허리는 편해집니다."

진료실에서 강조하는 다섯 가지 원칙도 정리해볼게요.

첫째, 허리 통증이 있어도 먼저 둔근의 기능을 확인합니다.
둘째, 추나 치료로 골반 정렬과 가동성을 회복합니다.
셋째, 스트레칭과 근력 운동으로 균형 잡힌 근육을 만듭니다.
넷째, 스테로이드는 임시 방편일 뿐, 장기적 해결이 아닙니다.
다섯째, 수술은 최후의 선택이며, 수술 후 재활은 필수입니다.

허리가 조금이라도 불편할 때, 그냥 참고 넘기지 마세요.

초기 통증일수록 적절한 조정과 치료를 받으면 더 빠르게 회복될 수 있습니다. 정렬이 바르게 잡히고, 근육이 제 역할을 하기 시작하면 허리는 우리 몸을 든든히 받쳐주는 중심이 됩니다.

지금 이 순간, 엉덩이에 힘을 주고 허리를 돌보는 작은 움직임을 시작해보세요. 그 한 걸음이, 앞으로의 삶 전체를 바꿔줄 수도 있습니다.

허리 통증, 몸 전체를 돌아봐야 합니다

허리가 아프다고 하면 대부분 허리 자체의 문제, 예를 들면 디스크나 협착증을 먼저 떠올립니다. 그리고 조금 더 깊이 이해한 분들은 엉덩이 근육이나 골반 정렬의 중요성까지도 인식하십니다. 앞에서 언급한 것처럼, 실제로 많은 허리 통증은 요추 자체보다는 골반과 둔근의 기능 저하에서 비롯되는 경우가 많습니다. 그런데 이보다 더 깊이 들여다보면, 허리 통증은 인체 전반의 균형 문제, 심지어 장부 기능의 이상에서 비롯되는 경우도 많습니다. 즉, 허리는 통증이 드러나는 장소일 뿐, 원인은 의외로 멀리 떨어진 곳에 있을 수 있다는 것이죠.

예를 들어, 생리통이 있을 때 허리가 아프다고 호소하는 분들이 많습니다. 하지만 이 통증이 허리 디스크나 요추의 문제로 생기는 것이 아니라는 점은 진료실에서 자주 강조하는 내용입니다. 생리 중에는 자궁 주변의 하복직근이 긴장하게 되며, 이 근육의 과도한 긴장은 연관통을 통해 허리까지 통증을 퍼뜨릴 수 있습니다. 즉, 허리가 아픈 것이지만, 실제로 치료해야 할 대상은 하복부라는 이야기입니다.

그래서 생리 중 허리가 아프다고 무작정 허리를 찜질하거나 주무르는 것보다는, 하복부를 따뜻하게 하고 긴장된 근육을 풀어주는 것이 더 효과적입니다. 계속해서 생리통이 반복되며 허리 통증이 함께 나타나는 경우라면, 이때는 한약 치료를 통해 생리통 자체를 개선하는 것이 진짜 해답이 될 수 있습니다. 단순한 진통제나 외부적인 치료만으로는, 뿌리 깊은 원인을 해결할 수 없기 때문입니다. 실제로 한의학에서는 자궁과 신장의 기능을 조화롭게 다스려 주는 한약을 통해 생리통뿐 아니라 연관되는 허리 통증까지도 함께 줄어드는 경우를 자주 목격합니다. 이는 한약이 단순히 증상을 덮는 것이 아니라, 몸 안의 기혈 순환과 장부의 기능을 회복시켜 주기 때문입니다.

비슷한 맥락에서 허리에 무리를 주는 또 다른 상황이 있습니다. 바로 복부 비만입니다. 복부가 앞으로 나오게 되면, 몸 전체의 무게 중심이 변하게 됩니다. 이로 인해 요추는 과도한 전만 곡선을 가지게 되고, 허리에 부하가 걸리면서 만성적인 통증이 생기기 쉬워집니다. 이건 임산부의 허리 통증과 아주 유사한 메커니즘입니다. 임신 중에는 자연스럽게 배가 앞으로 나오고, 복직근은 이완되고, 허리는 점점 뒤로 당겨지면서 요통이 생깁니다.

하지만 임산부는 출산 후 시간이 지나면 몸이 회복되고, 자세도 점차 되돌아오게 됩니다. 반면 복부 비만은 자연 회복을 기대할 수 없습니다. 생활 습관과 식사 조절, 그리고 한약 치료를 통해 복부의 정체된 것을 빼주는 노력이 필요합니다. 이 과정을 통해 허리의 부담도 줄어들고, 체형 자체가 안정되면서 통증도 사라지는 경우를 자주 보게 됩니다. 특히 복부 내 장기 순환이 원활하지 않을 경우, 소화불량이나 더부룩함이 반복되며 이는 다시 자세와 척추의 배열에 영향을 줍니다. 이렇듯 순환과 체형, 통증은 서로 긴밀히 연결되어 있습니다.

예를 들면, 40대 여성 환자분 중 한 분은 하복부 비만과 생리통, 허리 통증을 함께 호소하셨습니다. 처음에는 허리 디스크 때문일 거라 생각하고 병원을 전전하셨지만, 진찰 결과 복부의 장기 순환이 매우 더디고 생리통도 오래 지속되어 왔다는 점을 확인할 수 있었습니다. 한약으로 하복부 혈류를 개선하고, 복부 마사지와 복직근 이완 운동을 병행하면서 2~3개월 후에는 생리통도 줄고 허리 통증도 크게 완화되었습니다. 무엇보다 "허리를 만진 게 아닌데 통증이 줄어든 게 신기하다"라고 하셨죠. 바로 이게 전신을 보는 한의학의 힘입니다.

또 다른 예로 자궁근종이 있는 여성분들도 종종 허리 통증을 호소하십니다. 자궁 내 근종의 위치나 크기에 따라 자궁이 편중되거나 하복부의 긴장이 생기면, 골반 정렬에도 영향을 주게 되고 결국 허리에까지 통증이 번지게 됩니다. MRI나 CT에서 큰 문제가 없어 보여도, 자궁 주변 조직의 긴장과 골반의 틀어짐은 엑스레이 한 장으로 파악되기 어렵습니다. 이럴 때는 단순히 허리만 치료할 것이 아니라, 근종의 치료와 자궁 주변 장부의 순환을 개선하는 것이 핵심입니다. 이 역시 한약이 중요한 역할을 할 수 있는 분야입니다. 특히 자궁근종은 냉기, 어혈, 체내 독소의 축적과도 관련이 깊기 때문에 한약 치료를 통해 몸 안의 정체를 풀어주는 것이 통증 개선과 재발 방지에 도움이 됩니다.

한 가지 더 말씀드리고 싶은 건 복직근의 긴장이 허리 통증을 유발하는 사례입니다. 현대인들은 앉아 있는 시간이 길고, 스트레스와 소화기 문제로 인해 복직근이 과도하게 긴장되기 쉽습니다. 이런 경우, 허리 자체에는 특별한 병이 없는데도 허리가 늘 뻐근하고 피곤하며, 뭔가 늘 짓눌리는 듯한 통증을 느끼는 경우가 많습니다. 자세가 무너지고 복근이 짧아지면, 몸의 앞뒤 균형이 무너지면서 요추에 과부하가 생기게 됩니다. 뿐만 아니라 이런 복부 긴장은 종종 소화불량, 식욕부진, 과민대장증후군 같은 내장기 증상까지도 동반됩니다.

실제로 진료실에서 보면 이런 증상이 겹쳐 있는 경우가 많습니다. 허리가 아프면서 식사도 잘 못하고, 변비 혹은 설사를 반복하고, 스트레스가 많다는 분들 말이지요. 이럴 때 허리만 보고 치료하면 증상은 잠깐 완화되지만 곧 다시 반복됩니다. 몸 전체의 기능을 회복시키는 치료, 특히 소화기와 순환계를 조절할 수 있는 한약 치료가 병행되어야 진짜 회복이 시작됩니다. 한약은 위장을 따뜻하게 하고 장부의 운동성을 회복시켜주며, 신경계 긴장을 풀어주는 약재를 함께 써서 전반적인 조화를 유도합니다. 단순히 증상을 가라앉히는 것이 아니라, 체질을 개선하고 통증이 반복되지 않도록 돕는 것입니다.

결국, 허리 통증은 단순히 근육만의 문제가 아닙니다. 엉덩이와 골반의 정렬은 물론이고, 복부 장부의 상태나 소화기, 심지어 생식기 기능까지도 모두 유기적으로 연결되어 있기 때문입니다. 그래서 저는 허리 통증을 호소하는 환자분들에게 꼭 이런 질문들을 드립니다.

"엉덩이와 골반의 정렬이 흐트러져 있지는 않으신가요?"

"복부가 늘 긴장되어 있거나, 장기 기능에 이상은 없으신가요?"

"생리통이나 소화불량, 변비 같은 증상이 함께 나타나고 있진 않나요?"

이 질문 중 하나라도 '그런 것 같아요'라고 답하신다면, 단순히 허리만 치료할 게 아니라 몸 전체의 균형을 회복하는 쪽으로 접근해야 합니다. 그리고 그 과정에서 한약 치료는 매우 효과적인 선택이 될 수 있습니다.

많은 분들이 한약을 '디스크를 녹인다'거나 '뼈를 튼튼하게 해준다'는 식으로만 생각하시지만, 사실 한약의 진짜 역할은 그보다 더 근본적입니다. 몸 안의 흐름을 바로잡고, 통증을 만들어내는 내적 불균형을 조절해주는 것, 그것이 바로 한약이 할 수 있는 치료입니다.

허리 통증은 신호일 뿐입니다. 그 신호의 진짜 원인을 찾아 들어가다 보면, 전혀 예상하지 못했던 복부와 장기의 상태가 드러나는 경우가 많습니다. 허리 통증을 무작정 근육과 구조의 문제로만 치부하지 마세요. 전신을 바라보는 눈으로, 통증의 뿌리를 찾는 것이야말로 진짜 치료의 시작입니다. 그리고 그 중심에 한약이라는 든든한 도구가 있습니다.

당신의 허리는, 당신의 몸 전체를 비추는 거울일 수 있습니다. 오늘 허리가 아프다면, 어디서부터 흐름이 막혀 있는지 천천히 들여다보는 시간을 가져보시길 바랍니다.

'잘' 걸어야 좋은 운동이 됩니다

"운동은 뭐가 좋을까요?"

진료실에서 자주 듣게 되는 질문입니다. 그중에서도 가장 자주 듣는 건 "걷는 건 좋은가요?"라는 물음입니다. 대답은 언제나 같습니다. "네, 걷기는 정말 좋은 운동입니다." 하지만 단서를 하나 덧붙입니다. "단, '잘' 걸어야 합니다." 같은 거리를, 같은 시간을 걷더라도 누구는 허리가 시원하고 다리에 힘이 붙었다고 하고, 또 누구는 오히려 무릎이 아프고 허리가 뻐근해졌다고 합니다. 그 차이는 걷는 방식, 다시 말해 어떤 자세로, 어떤 근육을 써서 걷느냐에 따라 생깁니다. 겉으로 보기엔 다 걷는 것 같지만, 실제로는 전혀 다른 결과를 만드는 거죠.

걷다가 허리가 아프다고 말하는 분들이 많습니다. 그런 분들께 저는 엉덩이에 힘을 주며 걸었는지 여쭤보면, 대부분은 고개를 갸웃하십니다. 걷는 데 허리나 다리는 중요하다고 생각하지만, 엉덩이는 별로 신경 쓰지 않았다고 하시죠. 그런데 사실 걷는 동작에서 엉덩이 근육, 즉 대둔근은 매우 중요한 역할을 합니다. 다리를 뒤로 밀어내는 마지막 단계에서 대둔근이 제대로 힘을 써야 하는데, 이 근육이 약하거나 잘 쓰이지 않으면 그 역할을 허리 근육인 기립근이 대신하게 됩니다. 원래 하지 않아도 될 일을 허리가 떠맡게 되면, 당연히 피로가 쌓이고 통증이 생기겠죠. 그래서 "걷기 운동을 하면 허리가 더 아프다"라고 말하는 분들 중엔 엉덩이 근육이 약해진 상태인 경우가 많습니다.

게다가 걷는 동안 척추는 일정한 자극을 받습니다. 이 자극은 추간판, 즉 디스크가 영양을 흡수하고 노폐물을 배출하는 데 꼭 필요합니다. 하지만 그 자극이 과하게 쏠리거나 불균형하게 전달되면, 오히려 추간판이 압박을 받고, 척추에 부담을 줄 수도 있습니다. 그래서 단순히 "걷는 게 좋다"는 말보다 "엉덩이에 힘을 주며 바르게 걷는 것이 좋다"고 강조해야 합니다. 엉덩이에 힘을 주고, 항문을 살짝 조인다는 느낌으로 걸으면 자연스럽게 대둔근이 작용하고, 허리는 긴장을 풀 수 있습니다. 걸음걸이 하나만 달라져도 몸의 부담은 크게 달라집니다.

그보다 더 중요한 것이 있습니다. 바로 좌우 균형입니다. 사람의 몸은 완전히 대칭이 아닙니다. 하지만 이 비대칭이 커지면 걸을수록 몸에 무리가 갑니다. 특히 골반의 틀어짐이 있으면 걷는 동작 자체가 척추를 비트는 방향으로 반복되며 스트레스가 쌓이게 됩니다. 대표적인 예가 허리디스크입니다. 한쪽 골반이 높거나 비틀어진 경우, 한쪽 다리에 더 많은 하중이 실리고, 매번 걷는 순간마다 척추가 미세하게 흔들리면서 결국 통증이 나타납니다.

저는 환자분이 진료실에 들어오는 모습만 보고도 어느 쪽 골반이 틀어졌는지, 어느 쪽 다리가 더 약한지 감이 올 때가 있습니다. 특히 헬스장에서 트레드밀 위에서 걷고 있는 분들을 보면 '저렇게 걸으면 무릎이 더 상하겠구나' 싶은 경우도 많습니다. 겉보기엔 열심히 운동하는 것 같지만, 잘못된 자세로 걷는다면 운동이 아니라 반복적인 관절 손상일 수도 있습니다.

여기서 꼭 짚고 넘어가야 할 것이 바로 골반 교정입니다. 골반이 틀어지면 다리 길이 차이, 무릎 통증, 허리 뒤틀림, 심지어 목과 어깨의 불균형까지 이어질 수 있습니다. 그래서 저는 걷는 운동을 권하기 전에, 반드시 골반의 정렬 상태를 확인하고, 필요하다면 추나치료를 먼저 진행합니다. 추나치료는 단순히 뼈를 맞추는 게 아닙니다. 틀어진 근육의 긴장을 풀고, 잘못된 움직임 패턴을 되돌리며, 척추와 골반의 균형을 회복시키는 치료입니다. 골반이 바로 잡히면, 걸음걸이도 바르게 돌아오고, 몸의 피로도 덜 쌓이며, 통증도 점차 사라집니다.

걷는 모습이 흔들리는 분들을 보면 엉덩이를 의도적으로 흔들며 걷는 경우가 많습니다. 이른바 '힙 스윙' 걸음이라고 하는데요. 보기엔 멋져 보일 수 있지만, 사실 체중 이동이 좌우로 과도하게 일어나면 골반의 각도가 틀어지고, 허리는 비틀리게 됩니다. 척추가 회전하고, 반복되면 통증은 물론 퇴행성 변화로 이어지기도 합니다. 골반이 틀어지면 무릎의 축도 같이 어긋나면서, 발을 정면이 아니라 바깥이나 안쪽으로 비틀며 걷게 되죠. 그러면 무릎 옆 근육이 과긴장하고, 장경인대증후군이나 슬개골 통증이 생깁니다. 그래서 저는 항상 이야기합니다. 잘 걸으려면, 먼저 몸의 정렬을 점검해야 합니다. 추나치료를 병행해서 균형을 잡아주는 것이 가장 빠른 지름길입니다.

계단 오르기도 자주 묻는 주제입니다. 계단 운동은 엉덩이 근육을 단련하기에 좋은 동작이지만, 무릎 각도를 과도하게 굽히지 않아야 하며, 역시 대둔근에 힘을 주면서 천천히 올라야 합니다. 몇 칸씩 뛰어오르듯 올라가거나, 발을 세게 디디며 오르면 무릎에 큰 충격이 가해지고, 이로 인해 슬개건염이나 연골 손상이 생길 수 있습니다. 특히 요즘 젊은 층에서 무릎 통증으로 병원에 오는 분들 중 상당수가 바로 이 무리한 계단 운동이 원인입니다. 등산을 다녀오고 나서, 혹은 계단을 오르내린 다음 날 무릎이 시큰하고 아프다고 느끼면, 그건 이미 신호가 온 겁니다. 문제는 운동 자체가 아니라, 운동을 대하는 태도입니다. 준비 없이, 스트레칭 없이, 내 몸이 어떤 상태인지도 모르고 무작정 하는 운동은 몸을 상하게 할 수 있습니다.

걷는다는 건 단순히 발을 움직이는 일이 아닙니다. 걸음 하나에도 내 자세, 내 근육, 내 몸의 정렬 상태가 전부 들어가 있습니다. 그래서 걷기를 잘한다는 건 곧 내 몸을 잘 알고, 잘 다스린다는 뜻이기도 합니다. 엉덩이에 힘을 주며 중심을 잡고 걷는 연습, 좌우 균형을 살피며 걷는 습관, 무릎에 무리가 가지 않도록 걸음을 조절하는 지혜, 그 모든 것이 결국 내 몸의 건강을 지켜주는 힘이 됩니다. 잘 걷는 건 잘 사는 일입니다. 오늘 하루, 한 걸음부터 바르게 걸어보세요. 그리고 혹시 몸의 불균형이 느껴진다면, 걷기를 시작하기 전에 먼저 추나치료를 받아보세요. 균형이 바로 잡힌 몸 위에 진짜 건강한 걷기가 시작됩니다. 잘 걸을 때, 비로소 걷는 게 운동이 되고, 회복이 되고, 삶의 품격이 됩니다.

당신의 무릎,
아직 늦지 않았습니다

"무릎이 아파요."

요즘 진료실에서 흔하게 듣는 말 중 하나입니다. 이렇게 말하며 오시는 분들 대부분은 사실 한의원이 처음이 아닙니다. 이미 정형외과에서 몇 번 진료를 받았고, 관절염약도 먹어봤고, 도수치료도 해봤다고 말씀하십니다. 처음엔 그런 치료들로 조금 나아지는 것 같았다고 해요. 하지만 며칠 지나면 다시 아프고, 시간이 갈수록 통증은 더 자주, 더 오래 찾아오니 어느 순간엔 그냥 포기하게 됩니다. 그리고 마지막 기대처럼 "침이라도 한번 맞아 볼까?" 하며 한의원을 찾아오시곤 합니다.

무릎이 아프면 정형외과를 먼저 찾는 건 어쩌면 너무나 당연한 선택일지도 모릅니다. 영상검사를 통해 뼈와 연골 상태를 확인하고, 필요한 경우 진통제나 소염제, 물리치료나 도수치료를 받게 되지요. 문제는 그 이후입니다. 통증의 원인을 더 깊이 파고들지 못한 채, 단지 통증 부위를 중심으로 한 '증상 위주' 치료만 받다가 통증이 반복되고 만성화되는 경우가 너무 많습니다.

많은 분들이 무릎이 아프면 가장 먼저 듣게 되는 말이 "연골이 닳았습니다", "퇴행성이네요"입니다. 그리고는 마치 무릎 통증의 모든 원인이 연골에 있는 것처럼 설명되곤 합니다. 하지만 실제로 진료실에서 만나는 환자들의 무릎 통증은 그렇게 단순하지 않습니다. 퇴행성 관절염 역시 단순히 연골이 나이가 들어 닳아서 생기는 병이 아닙니다. 오히려 반복되는 염증 반응이 제때 회복되지 못한 채 계속 쌓이면서, 시간이 지날수록 연골이 점점 손상되는 복합적인 과정입니다.

그런데 대부분은 이 과정을 이해하지 못한 채, "연골이 닳았으니 이제는 늦었다", "수술 외에는 방법이 없다"라는 생각에 마음을 닫아버립니다. 그러다 보니 계속 아프면서도 약이나 주사로만 버티다가 병이 더 깊어지는 경우도 많습니다. 진짜 중요한 건, 연골이 왜 그렇게 손상되었는지를 찾아내고, 그 원인을 바로잡는 일입니다.

무릎의 통증은 단지 무릎 하나의 문제가 아닌 경우가 많습니다. 자세히 들여다보면, 골반이 틀어져 다리 전체의 정렬이 흐트러지고, 그 결과 무릎에 정상적이지 않은 방향과 세기의 하중이 반복해서 가해지게 됩니다. 이 과정에서 관절 주변에 미세한 염증이 생기고, 염증이 해소되지 못한 채 누적되면서 연골까지 영향을 미치게 되는 것이죠. 즉, 연골이 먼저 닳아서 아픈 게 아니라, 잘못된 하중과 반복적인 긴장 속에서 결국 연골이 견디지 못하고 손상되는 겁니다.

이런 중요한 흐름을 놓친 채 무릎 통증이라는 '결과'만 보고 약을 먹거나 주사를 맞는 식으로 대응하면, 언제까지고 통증은 반복될 수밖에 없습니다.

특히 여성분들에게서 퇴행성 관절염이 더 흔한 것도 주목할 만한 부분입니다. 많은 분들이 "여자가 옛날에 일을 더 많이 해서 그렇다"라고 말씀하시지만, 실제로는 근육량의 차이가 가장 큰 요인입니다. 남성보다 평균적으로 근육량이 적은 여성은 관절을 지지하는 힘도 약합니다. 그래서 같은 움직임을 해도 관절에 더 많은 부담이 가고, 결과적으로 더 쉽게 통증이 생기고, 더 빠르게 관절이 손상되는 겁니다.

우리가 흔히 무릎을 보호하는 건 '연골'이라고 생각하기 쉽지만, 실제로는 무릎 주변의 근육과 인대가 그 역할을 합니다. 걷거나 계단을 오를 때, 체중이 실릴 때, 무릎 하나만으로 모든 충격을 감당하는 게 아닙니다. 허벅지와 종아리, 엉덩이 주변의 근육들이 함께 힘을 써줘야 무릎이 버틸 수 있는 구조입니다. 이 근육들이 약하거나 균형이 무너지면, 무릎은 고스란히 충격을 받아내야 하고, 결국 그 부담이 연골 손상으로 이어지는 것이죠.

그래서 무릎 건강을 지키기 위해서는 단순히 근육을 키우는 것 이상으로 근육의 균형을 회복하는 것이 중요합니다. 흔히 "운동하면 무릎이 튼튼해진다"라고들 하지만, 무릎이나 골반 정렬이 틀어진 상태에서 운동을 하면 오히려 그 잘못된 구조를 더 강화시키게 됩니다. 그러면 무릎은 더 빠르게 손상됩니다.

그래서 치료의 시작은 근육을 강화하는 것 이전에, 근육의 균형을 잡는 것에서 출발해야 합니다. 몸의 정렬이 제대로 잡힌 상태에서 근육을 단련해야, 그것이 무릎에 도움이 되는 '좋은 운동'이 되는 겁니다.

실제로 헬스나 PT를 하다가 무릎을 다쳐서 오는 경우가 많은데요. 예를 들어 20대 여성 환자 한 분은 다이어트를 위해 런지를 반복하다 무릎 바깥쪽 통증이 심해졌습니다. 진찰해 보니 장경인대가 짧아져 슬개골을 비정상적인 방향으로 당기고 있었고, 골반 정렬이 무너지며 무릎 전체의 움직임이 뒤틀려 있었습니다. 이 상태에서 운동을 반복하니 무릎은 계속 아플 수밖에 없었죠.

이처럼 무릎 통증의 근본적인 원인은 '무릎' 그 자체보다, 무릎을 둘러싼 구조 전체의 균형과 움직임에 있는 경우가 많습니다. 한의원에서는 이러한 전체적인 관점을 바탕으로 침, 약침, 추나요법, 테이핑 등을 통해 구조를 바로잡고, 기능을 회복하는 데 초점을 맞춥니다.

침 치료는 단순히 통증을 줄이는 데 그치지 않고, 긴장된 근육을 이완시켜 혈류를 개선하고 염증을 가라앉히는 효과가 있습니다. 약침은 소염 작용이 뛰어난 약물 성분을 염증 부위에 직접 주입함으로써 회복 속도를 높이고, 추나요법은 무너진 골반과 고관절의 정렬을 다시 맞춰 무릎에 가해지는 하중을 분산시켜 줍니다.

또한 무릎 통증이 심할 때 무릎 보호대를 착용하시는 분들이 많은데, 경우에 따라 보호대가 오히려 증상을 악화시키는 경우도 있습니다. 예를 들어 연골연화증이 있는 경우 슬개골이 아래쪽과 계속 부딪히면서 연골이 손상되는데, 보호대는 그 압박을 오히려 강화시켜 더 큰 통증을 유발할 수 있습니다. 이럴 땐 정확한 방향으로 테이핑을 하여 슬개골의 움직임을 안정시키는 것이 훨씬 효과적입니다.

또 한 가지 자주 받는 질문이 있습니다.

"침 맞는다고 닳은 연골이 다시 생기나요?"

답은 분명합니다. 연골은 한 번 닳으면 자연스럽게 재생되기는 어렵습니다. 그러나 중요한 건, 더 이상 연골이 손상되지 않도록 하고, 통증 없이 오래 쓸 수 있도록 몸 전체의 조건을 바꿔주는 것입니다.

그리고 무엇보다 중요한 건 이겁니다.

"무릎은 그냥 아낀다고 좋아지는 게 아닙니다. 잘 써야 덜 아프고 오래갑니다."

움직이지 않으면 약해지고, 억지로 쓰면 망가집니다. 그래서 무릎은 '제대로 써야' 건강하게 오래 쓸 수 있는 관절입니다.

단순히 통증을 없애는 것이 아니라, 왜 그 통증이 생겼는지를 이해하고, 몸 전체의 균형을 다시 맞추는 것. 그것이 한의원이 바라보는 무릎 치료의 출발점입니다. 무릎이 아프다면, 통증만 보지 마시고, 그 통증이 왜 생겼는지를 함께 살펴보는 것부터 시작해보시길 권해드립니다.

두통, 병이 아니라 신호입니다
: 이제 원인을 제대로 봐야 할 때

두통은 병명이 아니라, 몸이 보내는 경고입니다

"두통이 자주 생기는데, 병일까요?"

진료실에서 참 자주 듣는 질문입니다. 그런데 사실 두통은 단순히 '병'이라고만 볼 수는 없습니다. 머리가 아프다는 건, 우리 몸이 스스로 뭔가 이상이 있다는 걸 알려주는 신호, 일종의 경고등 같은 역할을 합니다. 감기에 걸려도 머리가 아프고, 체했을 때도 그렇고, 잠을 못 잤거나 스트레스를 받았을 때도 머리가 욱신거리는 경험들, 누구나 한 번쯤은 해보셨을 겁니다.

특히 여성분들 중에는 생리 전후로 두통이 심해진다거나, 변비가 심해졌을 때 두통이 동반된다고 호소하는 경우도 많습니다. 그럴 땐 단순히 머리에 문제가 있다기보다는, 몸 안 어딘가에 이상이 생겼다는 뜻으로 받아들여야 합니다. 다시 말해 두통은 어떤 하나의 병명이 아니라, 다양한 원인에 의해 나타나는 증상입니다. 그래서 "어디가 아프냐"보다 "왜 이런 신호가 왔을까"를 먼저 생각하는 것이 중요합니다.

40대 여성 환자분이 자주 머리가 아프다고 내원하신 적이 있습니다. 여러 병원에서 검사를 해봤지만 특별한 이상은 없었고, 진통제를 먹으면 조금 나아지긴 했지만 완전히 없어지진 않는 그런 두통이었죠. 저는 환자분과 자세히 이야기를 나누다가, 평소 장이 무척 예민하고 3~4일에 한 번씩밖에 대변을 보지 못한다는 걸 알게 되었습니다. 변비가 심해질수록 머리가 아프고 속이 답답하다는 호소도 있었습니다. 그래서 장 기능을 다스리는 치료를 병행했더니, 한 달쯤 지나 "머리가 뻐근한 게 없어졌어요"라고 말씀하시더군요.

이처럼 많은 두통은 검사로는 드러나지 않습니다. 특히 CT나 MRI를 찍어도 "이상 없음"이라는 얘기를 듣고, 도대체 뭐가 문제인지 몰라 답답해지는 경우도 많습니다. 그런데 그런 두통들이 실은 근육에서 비롯되는 경우가 아주 많습니다. 목과 어깨 근육이 굳거나 경직되면, 그 통증이 머리 쪽으로 번져서 두통으로 이어지는 거죠.

20대 대학생이었던 한 환자분은 시험 기간만 되면 머리가 아프다고 했습니다. 특히 눈이 빠질 듯 아프고, 이마와 관자놀이가 욱신거려 책을 보기도 힘들다고 했죠. 정밀검사상 특별한 이상은 없었지만, 자세를 보니 목과 어깨가 한쪽으로 굽어 있었고, 만져보니 근육이 단단하게 굳어 있었습니다. 침과 부항으로 긴장을 풀고, 자세를 교정해주는 추나 치료를 병행하면서 조금씩 증상이 줄었고, 나중엔 "공부할 때도 훨씬 덜 아프다"라고 했습니다.

목과 어깨 근육은 생각보다 많은 역할을 합니다. 머리를 지탱하고 움직이는 모든 관절과 근육들이 이 부위에 몰려 있기 때문이죠. 이 근육들이 뭉치면 '연관통'이라는 현상이 생깁니다. 특정 부위가 아프더라도 실제로 문제의 원인은 전혀 다른 곳에 있다는 뜻입니다.

예를 들면, 반극근이라는 근육이 뭉치면 띠처럼 머리를 조이는 긴장성 두통이 생기고, 판상근이 뻣뻣해지면 정수리 쪽에 뻐근함이 생깁니다. 흉쇄유돌근이라는 근육은 심할 경우 눈이 충혈되고 귀가 먹먹해지거나, 코막힘까지 동반되는 두통을 유발합니다.

30대 회사원 남성 환자분은 하루 종일 노트북을 보며 일하고, 퇴근 후에도 스마트폰을 오래 보는 습관이 있으셨습니다. 자주 뒷머리가 아프고 눈이 피로하며, 종종 귀가 울리고 눈이 빨개지는 증상도 있었습니다. 이 분 역시 목 근육을 중심으로 치료하면서 스트레칭 습관을 함께 들이도록 했더니, 두통 빈도가 현저히 줄었습니다.

두통이 생기면 많은 분들이 가장 먼저 진통제를 찾습니다. 당연히 그 순간은 편해지니까요. 하지만 진통제는 어디까지나 증상을 '덮는' 역할일 뿐, 근본적인 원인을 해결하지는 못합니다. 오히려 약을 자주 먹다 보면 약효가 떨어지는 시점도 점점 빨라지고, 약 없이는 견디기 어려운 상태가 되는 경우도 많습니다.

우리가 진짜 살펴야 할 것은, 왜 이런 근육 뭉침이 반복되는지에 대한 원인입니다. 대부분의 경우, 몸 전체의 순환이 막혀 있거나 기혈의 흐름이 정체되어 있어서 근육도 스스로 회복하지 못하는 상태인 경우가 많습니다.

예를 들어, 다음과 같은 증상의 분들입니다.

- 항상 속이 더부룩하고,
- 대변이 들쭉날쭉하며,
- 밤에 깊은 잠을 자지 못하는 분들.

이런 증상들이 있으면 근육이 굳는 건 어찌 보면 자연스러운 결과입니다. 회복에 필요한 영양과 에너지가 제대로 전달되지 않고, 노폐물이 쌓이기 때문에 회복도 더뎌지는 것이죠.

50대 여성 환자분은 하루에 진통제를 두 알씩은 꼭 먹는다고 하셨습니다. 그런데 이야기를 나눠보니 식사량이 적고, 속도 자주 더부룩하며, 밤에 자주 깨신다고 하더군요. 저는 먼저 위장을 편하게 해주는 치료와 수면의 질을 높이는 쪽으로 접근했습니다. 그러자 어느 날 "요즘은 약 안 먹어도 그냥 괜찮은 날이 많아졌어요"라고 하셨습니다.

이처럼 두통은 단순히 '머리가 아프다'라는 게 아니라, 내 몸 어딘가가 정상이 아니라는 걸 알려주는 중요한 메시지입니다. 그래서 저는 환자분들께 자주 이렇게 말씀드립니다.

"머리에 이상이 없는 걸 확인하셨다면, 이제 몸 전체를 한번 돌아보세요."

내 자세는 어떤지, 잠은 푹 자고 있는지, 장은 잘 비워지고 있는지, 요즘 내가 받고 있는 스트레스는 무엇인지. 이런 질문들을 스스로에게 던져보는 것이 진짜 치료의 시작입니다. 한의학의 장점은 바로 이처럼 몸 전체를 하나의 유기체로 본다는 데 있습니다. 두통도 결코 머리만의 문제가 아닙니다. 흐름이 막힌 곳, 순환이 멈춘 곳, 그것이 바로 통증의 실체일 수 있습니다.

몸은 언제나 말하고 있습니다. 두통도 그중 하나입니다. 그 말을 귀 기울여 듣고, 내 몸의 흐름을 바로잡아줄 수 있다면, 굳이 진통제에만 의존하지 않아도 몸은 분명히 스스로 회복할 수 있습니다.

이제는 두통이라는 통증을 넘어서, 내 몸이 보내는 메시지를 이해해보세요. 참는 것이 아니라, 이해하고 다스릴 수 있습니다.

"팔이 아프세요?" : 한의사가 알려주는
손목과 팔 통증의 진짜 원인

팔이 아픈데, 특별한 원인은 없다고요?

"팔이 왜 이렇게 쑤시지…"

진료실에서 팔 통증을 호소하시는

분들을 자주 만납니다. 누구는 손목이 욱신거리고, 누구는 팔꿈치가 당기고, 누구는 팔 전체가 무겁고 묵직하다고 하십니다. 무거운 걸 든 것도 아니고, 격한 운동을 한 것도 아닌데 그냥 일상생활을 하던 중에 서서히 아파지더라는 이야기입니다. 심지어는 "제가 뭘 잘못했는지도 모르겠어요." 하며 고개를 갸웃하는 분들도 계시지요.

특히 하루 종일 책상에 앉아 키보드를 두드리는 사무직 직장인, 마우스를 오래 사용하는 디자이너, 스마트폰을 손에 쥔 채 몇 시간을 보내는 분들, 또 요즘은 장시간 게임을 하는 10대 청소년들까지, 팔과 손목의 통증은 특별한 외상 없이도 누구에게나 찾아올 수 있습니다. 대부분은 처음엔 '좀 쉬면 괜찮아지겠지' 하고 넘어가지만, 통증이 서서히 깊어지면 결국 병원을 찾게 됩니다.

그런데 막상 검사를 해보면 뼈가 부러진 것도 아니고, 관절이 망가진 것도 아닙니다. 사진은 멀쩡하고, 피검사도 특별한 게 없는데, 분명히 아픕니다. 통증은 확실히 느껴지는데, 원인은 불분명한 경우지요. 이런 상황에서 중요한 건 바로 근육과 인대, 그리고 그 사이의 균형입니다.

팔, 손목, 손가락을 쓰는 근육들은 서로 얽히고설켜 하나의 체계를 이루고 있습니다. 그런데 우리가 늘 한쪽 방향으로만 반복해서 움직이다 보면 이 균형이 무너지기 시작합니다. 마치 텐션이 다른 고무줄을 묶어 놓은 듯, 어떤 부위는 지나치게 당겨지고, 어떤 부위는 느슨해지는 식입니다. 결국, 그 불균형이 한쪽 부위에 부담을 몰아주고, 그게 통증으로 나타나는 것이지요.

한 40대 직장인 여성분은 어느 날부터 손목이 저리기 시작했다고 하셨습니다. 큰일을 한 것도 아니고, 특별히 다친 기억도 없는데, 점점 손끝까지 저릿한 느낌이 번졌고, 밤에 자다가도 손이 저려 깬다고 하셨습니다. 한참 컴퓨터로 작업량이 많던

시기였다고 하셨고, 손가락을 많이 쓰는 업무를 장시간 반복하셨다고 합니다. 이 경우는 손목터널증후군, 즉 수근관증후군을 의심할 수 있습니다. 손목 안쪽에는 작은 터널 같은 구조가 있고, 그 안에 정중신경과 손가락을 움직이는 힘줄들이 지나가는데, 여기에 압력이 높아지면 신경이 눌려 통증과 저림이 생기는 겁니다.

한의학에서는 이처럼 긴장되고 굳어진 근육과 인대를 부드럽게 풀어주는 치료를 합니다. 얇고 날카로운 도침이라는 침으로 근막을 이완시켜주는 방법도 있고, 전침, 부항, 약침 등 여러 치료법이 쓰입니다. 물론 환자분이 집에서 스트레칭을 병행하면 효과는 더 빨라지지요. 손목 안쪽이 강하게 당겨지는 느낌이 들도록 스트레칭을 해주는 것만으로도 수근관 내의 압력을 줄여줄 수 있습니다.

또 다른 경우로, 바닥을 짚을 때 새끼손가락 쪽 손목이 아프다는 분도 많습니다. 이건 TFCC 손상, 즉 삼각섬유연골복합체 손상일 가능성이 있습니다. 손목 관절은 방향이 참 다양하게 움직입니다. 앞, 뒤, 좌, 우, 회전까지 해야 하다 보니 그만큼 섬세한 구조로 이루어져 있고, 작은 부위에 많은 인대와 연골이 모여 있습니다. 특히 손바닥을 짚거나, 마우스를 오래 쓰는 동작은 손목의 척골 쪽에 반복적인 압력을 가하게 되고, 이로 인해 손상이 누적될 수 있습니다.

이럴 때는 단순히 손목만 들여다보면 안 됩니다. 팔 전체, 어깨와 목까지 근육의 균형이 어긋나 있지는 않은지 함께 살펴봐야 합니다. 우리 몸은 연결되어 있고, 어디 하나만 고립된 구조가 아니기 때문입니다. 손목 통증이 반복된다면, 어깨가 안 좋은 경우도 많고, 목 근육이 굳어 있는 경우도 많습니다. 원인을 조금 멀리서 바라보는 게 중요합니다.

그리고 테니스엘보, 골프엘보로 불리는 팔꿈치 통증도 있습니다. 외측상과염, 내측상과염이 정식 명칭인데, 사실 팔꿈치 뼈보다는 팔꿈치에 붙은 근육과 힘줄의 문제입니다. 반복적으로 손목을 꺾거나 손가락을 쓸 때, 팔꿈치 쪽에서 당겨지는 힘이 누적되면서 염증이 생기는 겁니다. 마치 커튼을 중간에서 계속 잡아당기면 결국 고정된 천장 부분이 먼저 떨어져 나가는 것처럼, 팔꿈치에 붙은 근육이 반복해서 당겨지면서 염증이 생깁니다.

이 경우도 마찬가지로, 통증이 생긴 부위만 치료하는 것이 아니라 손목, 손가락, 팔 전체 근육을 풀어주는 것이 중요합니다. 수지신전근, 손목을 젖히는 근육들이 짧아져 있으면 그 힘이 결국 팔꿈치에 전달되기 때문에, 팔을 펴고 손가락을 뒤로 당겨주는 스트레칭이 큰 도움이 됩니다. 한의원에서는 이런 부위를 직접 자극해 풀어주는 침 치료, 온열요법, 부항, 추나 등을 병행하며 통증 완화를 도와줍니다.

　이 모든 팔과 손의 통증에는 하나의 공통점이 있습니다. 바로 근육의 밸런스가 무너졌다는 점입니다. 우리는 반복되는 일상에서 한쪽 근육만 계속 쓰게 됩니다. 손가락은 계속 움직이는데, 어깨는 굳어 있고, 팔은 늘어진 채 고정되어 있지요. 이 불균형은 처음엔 무심히 지나치지만, 서서히 쌓여 통증으로 바뀝니다.

　한방에서는 이런 문제를 단지 염증이나 통증의 관점만으로 보지 않습니다. 왜 그 부위에 힘이 몰렸는지, 전체적인 균형은 어떤지, 몸의 흐름은 잘 이어지고 있는지를 함께 살펴봅니다. 통증은 몸이 보내는 신호입니다. "지금 이 부위가 너무 무겁고, 너무 많이 쓰였어요" 하는 말이지요. 그 말을 무시하지 않고 귀 기울이는 게 진짜 치료의 시작입니다.

　스트레칭, 생활 습관 교정, 몸을 아끼는 마음 — 이 세 가지만 있어도 수술까지 고민하던 팔 통증이 차츰 나아질 수 있습니다. 몸은 회복하고 싶어 합니다. 우리가 그 회복을 방해하지 않기만 해도, 몸은 다시 제자리로 돌아가려는 힘을 냅니다.

　혹시 요즘 손목이 아프신가요? 팔꿈치가 뻐근하신가요? 특정 동작만 하면 팔이 찌릿하신가요? 그렇다면 오늘부터라도 아주 가볍게, 아주 부드럽게 그 부위를 늘려보세요. 무리하지 말고, 천천히, 따뜻하게. 우리 몸은 잘 쓰고 잘 돌봐주면 반드시 회복합니다. 그 회복의 길에 조금만 관심을 더해보세요. 생각보다 몸은, 더 빨리 좋아질 수 있습니다.

17. 피부는 내장의 거울입니다

열이 만든 피부의 경고
: 아토피를 다시 보는 한의사의 관점

"선생님, 아이가 아토피 때문에 밤마다 잠을 못 자요."
"긁고 또 긁어서 상처가 덧났어요…"

진료실에서 가장 자주 듣는 이야기 중 하나입니다. 아토피 피부염은 단순한 피부 트러블이 아닙니다. 가려움, 진물, 반복되는 재발로 아이와 부모 모두를 지치게 하는 질환이지요.

하지만 아토피를 피부에만 국한해 바라보면 치료는 늘 제자리걸음일 수밖에 없습니다. 저는 아토피를 피부가 아닌 '몸속 열'의 언어로 이해합니다. 피부가 붉고, 가렵고, 진물이 난다면, 이미 몸 안에서는 열이 쌓이고 쌓여 임계치를 넘긴 상태입니다. 피부는 그 열을 배출하려는 출구이자, 경고 신호를 보내는 창구일 뿐이지요.

한 다섯 살 여자아이 환자는 팔 접히는 부위와 무릎 뒤쪽에 진물이 흐르고, 밤마다 긁어 피가 날 정도였습니다. 어머니는 고가의 보습제와 스테로이드 연고를 써도 낫지 않는다고 하셨죠. 진료 중 확인해 보니 이 아이는 밤마다 땀을 흘릴 정도로 더운 환경에서 자고 있었고, 계란과 우유가 빠지지 않는 식단을 유지하고 있었습니다.

그 아이에게는 열을 내리고 진액을 보충하는 방향으로 한약을 처방했습니다. 동시에 잠자리를 서늘하게 조정하고, 식단에서 계란과 우유를 철저히 제외했습니다. 보름 만에 긁는 횟수가 줄었고, 한 달 뒤에는 진물이 거의 멎었습니다. 아토피는 그만큼 피부 바깥이 아닌 몸 안의 균형에서 출발하는 질환입니다.

아이들이 아토피로 긁는 이유는 단순한 습관이 아닙니다. 그 가려움은 참을 수 있는 수준이 아니라, 아이의 몸이 내는 절박한 신호입니다. 긁지 못하게 혼을 내기보다는, 긁지 않게 도와주는 환경을 만들어주는 것이 훨씬 현명한 접근입니다.

한 초등학생 남자아이 환자는 밤마다 손톱에 진물이 묻을 정도로 긁었습니다. 부모는 아이를 다그치고 야단치며 멈추게 하려 했지만, 효과는 없었죠. 이 아이는 피부가 뜨겁고 건조했으며, 열을 식힐 출구가 없는 상태였습니다. 듀오덤 같은 수분 밴드로 긁는 부위를 진정시키고, 생리식염수 찜질로 피부의 열을 가라앉히자 긁는 빈도가 눈에 띄게 줄었습니다. 무엇보다 긁는 아이를 다그치기보다 도와주는 것이 아이의 마음을 안정시키는 가장 큰 치료였습니다.

잘못된 식습관은 열을 가중시키고, 피부를 악화시키는 가장 중요한 요소 중 하나입니다. 많은 아토피 환자에게 공통적으로 권하는 것은 계란과 우유의 철저한 제한입니다. 어느 어머니는 "아이가 마른 편이라 계란과 우유는 꼭 먹이려고 해요"라고 하셨죠. 하지만 그 아이는 늘 볼이 붉고, 손등과 목 주위에 발진이 반복되었습니다. 석 달간 식단을 조정하고, 계란과 우유는 물론 그 성분이 포함된 가공식품까지 철저히 관리하자 놀랍게도 피부가 진정되기 시작했습니다.

계란과 우유는 분명히 영양가 있는 음식입니다. 그러나 몸속에 열이 많고, 이를 제대로 배출하지 못하는 아이들에게는 이들이 '열을 더 얹는 기름'이 될 수 있습니다. 특히 아토피가 있는 아이들은 대개 열을 밖으로 내보내는 능력이 떨어지기 때문에, 자극적인 음식은 더 큰 부담이 됩니다.

요즘 아이들은 과거보다 훨씬 많은 자극을 받습니다. 인스턴트 간식, 유제품 중심 식단, 불규칙한 수면 습관, 운동량 부족…, 모두 몸 안의 순환을 막고, 열을 빠져나가지 못하게 합니다. 예전처럼 시골로 내려가면 아토피가 나아진다는 이야기를 들을 때, 저는 그 이유를 '공기'보다 '식생활과 생활 리듬'에서 찾습니다. 덜 자극적인 음식, 규칙적인 수면, 더 많은 야외활동. 자연스러운 일상이 열을 덜 발생시키고, 배출도 원활하게 만드는 것이죠.

많은 부모님들이 "아토피는 언제 낫나요?"라고 묻습니다. 정답은 없습니다. 아이가 자라면서 체표면이 넓어지고, 면역체계가 안정되면 증상이 줄어드는 경우도 많지만, 생활 습관이 개선되지 않으면 성인이 되어서도 아토피는 계속될 수 있습니다. 그래서 아토피는 '완치'라는 개념보다는 '조절 가능한 병'으로 접근하는 게 맞습니다.

모든 아이에게 보습이 필요하지는 않습니다. 오히려 습기를 빼주는 관리가 필요한 아이도 있습니다. 피부 겉에 아무리 좋은 로션을 발라도, 몸 안에서 열이 계속 솟아오르면 결국 다시 진물이 나고 가려워집니다. 그러므로 피부에만 집중하는 것이 아니라, 몸 전체의 상태를 보고 치료 방향을 정하는 것이 중요합니다.

아토피는 결국 '너무 덥다'는 몸의 신호입니다. 이 열을 억지로 꾹 눌러 잠재우는 것이 아니라, 듣고, 반응해주고, 배출되게 해주는 것. 그것이 진짜 치료입니다.

긁지 않게 도와주는 것, 열을 식히는 것, 먹는 것을 조심하는 것, 생활을 바꾸는 것. 그리고 한약의 도움을 받는 것. 그렇게 몸의 균형을 회복해 나가면, 피부도 반드시 반응합니다.

광고 속 고가의 연고보다, 내 아이의 몸을 이해하고 돌보는 정성이 훨씬 더 큰 치료입니다.

정직한 몸은, 정성에 정직하게 반응합니다. 아토피는 피부의 병이 아니라, 몸의 언어입니다. 그 언어에 귀를 기울이는 순간, 치료는 이미 시작된 것입니다.

건선, 단순히
피부병일까?

"선생님, 이게 나을까요?"

건선으로 한의원을 찾는 환자들이 자주 묻는 말입니다. 대부분 처음엔 단순한 피부 트러블이라고 생각하고 피부과에 들러 스테로이드 연고를 처방받습니다. 바르면 증상이 좀 나아지니까 넘기고, 또 나빠지면 다시 바르고, 그러다 점점 만성적으로 변해가는 경우가 정말 많습니다. 반복될수록 증상이 깊어지고, 범위도 넓어지고, 가려움도 심해져서 결국엔 일상생활 자체가 괴로워지는 상태가 되는 거죠.

사람들은 흔히 건선을 피부가 건조해서 생기는 병이라 여깁니다. 피부에 각질이 하얗게 일어나고, 껍질이 벗겨지고, 붉게 올라오니 건조함이 원인이라고 생각하기 쉬운 겁니다. 그런데 과연 건조함이 원인일까요, 아니면 그건 결과일 뿐일까요? 진료실에서 환자분들의 이야기를 듣다 보면 "조금만 피곤하면 다시 올라와요", "스트레스 받을 때 더 심해져요", "밤잠을 못 자면 확 퍼져요" 같은 말을 참 많이 듣습니다. 또 어떤 분은 "동남아 여행 갔을 땐 정말 피부가 깨끗해졌어요"라며 신기해하십니다.

이런 걸 보면 건선은 단순히 피부가 건조해서 생기는 병은 아니라는 생각이 듭니다. 피로, 스트레스, 수면 부족, 생활 리듬의 불규칙 같은 전신적인 요인이 증상을 유발하고 악화시킨다는 거죠. 특히나 겨울철에 증상이 심해지는 분들이 많은데, 그건 계절적으로 기온이 낮아지면서 땀이 덜 나고, 피부의 순환이 막히기 쉬운 환경이기 때문입니다. 반대로 여름에는 땀이 많이 나지만, 이게 원활한 배출이 아니라 진물처럼 번지고 더 심한 가려움증으로 이어지는 경우도 있습니다. 단순히 계절 때문이 아니라, 몸의 순환 기능이 떨어져 있기 때문에 그런 증상이 나타나는 겁니다.

우리의 피부는 숨을 쉬는 장기입니다. 단순히 겉을 덮고 있는 얇은 껍데기가 아니라, 내장의 연장선처럼 순환과 해독에 중요한 역할을 합니다. 땀이 잘 나야 피부의 열도 빠지고, 노폐물도 잘 배출되며, 피부 장벽도 건강하게 유지됩니다. 그런데 요즘처럼 실내 생활이 많고, 운동량이 부족하며, 찬바람이 부는 계절이 되면 땀이 나지 않고 피부 순환이 막히게 됩니다. 그럼 결국 피부 장벽이 흐트러지고 염증성 반응이 나타나기 쉬워지는 거죠. 다시 말해, 건선은 피부가 단순히 '건조'해서 생기는 게 아니라, 땀이 나지 않고 순환이 막히면서 피부가 스스로 제 기능을 하지 못하게 되면서 생기는 병이라고 볼 수 있습니다.

그렇다고 무조건 땀을 많이 낸다고 해결되는 것도 아닙니다. 억지로 사우나에 가서 땀을 낸다고 해서 피부가 좋아지진 않습니다. 인체는 전체적인 순환이 조화롭게 이루어져야 하며, 그 흐름 속에서 자연스럽게 땀이 나고, 피부로 열이 배출되어야 제대로 된 회복이 이루어지는 것입니다. 강제로 열을 뺀다고 해서, 겉으로만 땀을 흘린다고 해서 낫는 병이 아니라는 말입니다.

건선 환자들을 보다 보면 또 하나의 공통점을 발견하게 됩니다. 바로 장의 문제입니다. 특히 대장이 건강하지 못한 경우가 많습니다. 변비가 있거나, 설사와 변비가 번갈아 나타나는 과민성 장 상태를 가진 분들이 많고, 배변 후에도 시원하지 않거나 항상 복부 팽만감을 호소하는 경우도 흔합니다. 이는 단순한 우연이 아닙니다. 한의학적으로도 피부는 대장의 거울이라고 할 만큼 밀접한 관계를 가지고 있습니다.

대장은 인체 내에서 노폐물이 가장 많이 쌓이는 곳입니다. 이곳의 환경이 나빠지고, 장내 유해균이 많아지면, 그 유해균들이 만들어내는 독소가 혈액을 타고 온몸으로 퍼지게 됩니다. 특히 피부는 이 독소에 매우 민감하게 반응합니다. 몸 안에서 제대로 배출되지 못한 독소가 결국 피부로 밀려나와 염증을 만들고, 그게 바로 건선으로 나타나게 되는 것이죠. 장이 깨끗해야 피부도 깨끗해진다는 말, 정말 실감나는 말입니다.

실제로 한 환자가 있었습니다. 수년간 건선으로 고생하셨던 분인데, 피부과에서 스테로이드 연고를 쓰며 그때그때 증상을 눌러왔지만 점점 더 퍼지고 심해졌습니다. 밤이면 가려움 때문에 잠을 못 자고, 피부는 붉고 두꺼워져서 긴소매 옷을 입지 않으면 외출도 꺼려질 정도였죠. 진찰을 해보니 그분은 만성적인 변비를 앓고 있었고, 식사량도 적고 땀도 거의 나지 않는 상태였습니다. 한방적으로 보면 열이 몸에 정체되어 있고, 장에서 배출되지 못한 독소가 피부로 쏟아져 나오는 상태였죠.

그 환자에게는 먼저 장을 깨끗하게 해주는 치료를 시행했습니다. 동시에 전신 순환을 도와 피부로 열이 빠져나갈 수 있도록 조절했죠. 석 달쯤 지나자 밤에 가려움이 덜해졌고, 두꺼웠던 피부가 서서히 얇아지기 시작했습니다. 이후 꾸준한 한약 복용과 생활 습관 개선을 병행하며 몇 달간 치료하자 피부는 거의 정상 수준으로 회복되었고, 이전처럼 쉽게 재발하지 않게 되었습니다.

　이처럼 건선은 단순히 피부 겉만 치료해서는 좋아지기 어렵습니다. 스테로이드 연고는 마치 악취 나는 쓰레기통의 뚜껑을 덮는 것과 같습니다. 잠깐은 냄새가 나지 않을 수 있지만, 뚜껑을 연 순간 더 심한 냄새가 퍼지는 것처럼, 피부의 증상도 더 심해지고 깊어질 수 있습니다. 피부를 보되, 피부만 보지 말고, 몸 전체를 바라보는 시각이 필요합니다. 장이 깨끗해야 피부가 좋아지고, 순환이 잘 돼야 피부가 숨을 쉴 수 있습니다. 땀이 잘 나야 열이 빠지고, 열이 빠져야 염증도 사라집니다.

　건선은 치료가 까다로운 병이지만, 그렇다고 길이 없는 것도 아닙니다. 몸의 안팎을 함께 들여다보고, 근본적인 문제를 찾아내면 분명히 호전될 수 있습니다. 피부에 나타나는 신호를 단지 외형적인 문제로만 보지 마시고, 내 몸 안에서 어떤 이상이 벌어지고 있는지를 함께 살펴보면 좋겠습니다. 그리고 그 방향에서 치료를 시작한다면, 단순히 증상을 누르는 것이 아닌, 재발 없는 건강한 피부로 돌아갈 수 있을 것입니다.

E. 여성을 위한 몸의 언어 읽기

괜찮다고, 참지 마세요.
생리통은 몸이 보내는 신호입니다

"선생님, 생리 전후로 너무 힘들어요. 배도 아프고, 허리도 뻐근하고요."

진료실 문을 열며 그렇게 말씀하시는 분들이 많습니다. 그러고는 머쓱하게 웃으며 덧붙이십니다. "화도 많아지고요. 괜히 예민해지고… 가족들한테 짜증도 나고요."

이럴 땐 저는 늘 이렇게 묻습니다. "생리 전에 변비 생기지 않으세요?"

그러면 거의 대부분의 분들이 고개를 끄덕이십니다.

이건 단순한 우연이 아닙니다. 자궁이 기운을 모으는 중이라는 신호입니다.

자궁은 매달 한 번, 새로운 생명을 맞을 준비를 합니다. 따뜻한 이불을 깔고, 방을 데우고, 조용히 기다리죠. 하지만 손님이 오지 않으면, 그 모든 준비물을 걷어냅니다. 이 과정이 바로 '생리'입니다. 그런데 이 준비와 정리의 과정이 몸에겐 꽤나 큰일이에요. 에너지를 끌어와야 하고, 피를 모아야 하며, 자궁은 수축과 팽창을 반복해야 합니다. 그 과정에서 소화가 더뎌지고 대변이 막히며, 몸은 붓고, 가슴은 뻐근하고, 기분은 예민해집니다. 몸이 "지금 중요한 일을 준비하고 있어요"라고 말하는 중인 거죠.

이 시기에 변비가 생기면 문제가 더 커집니다. 대변이 내려가지 않으면 자궁이 위치한 공간이 좁아지고, 자궁이 수축하고 움직일 공간이 부족해지면서 통증은 더 심해집니다. 그래서 저는 종종 이렇게 말씀드립니다. "생리 전에 대변만 잘 보셔도 통증이 훨씬 줄 수 있어요."

한의학에서는 이를 '어혈'과 연결해 설명합니다. 어혈이란, 제 역할을 다하지 못한 피, 다시 말해 몸속에 고이고 정체된 피를 의미합니다. 흐르지 못하고 머문 피는 썩은 물과 같아집니다. 생리혈이 검고 덩어리지고, 악취가 난다면 이는 어혈이 있다는 표시입니다. 어혈이 많아지면 생리통은 심해지고, 얼굴빛은 칙칙해지고, 입술이 검어지며, 이유 없이 가슴이 답답하거나 기분이 가라앉기도 합니다. 이런 상태가 계속되면 몸의 흐름은 더 정체되고, 통증은 점점 더 일상화됩니다. 결국, 몸속에 썩은 물이 가득 차 있으면, 마음도 무거워질 수밖에 없습니다.

허리까지 이어지는 생리통도 흔합니다. 이는 자궁이나 허리에 문제가 있다기보다는, 하복부 근육의 긴장이 복직근을 타고 허리까지 퍼지는 '연관통'의 형태입니다. 특히 복직근이 단단히 수축되어 허리에 부담을 줄 때 나타나죠. 이럴 때 단순히 진통제를 먹기보다는 복부를 부드럽게 이완시켜주는 스트레칭이 더 효과적입니다. 예를 들어, 요가의 '코브라 자세'처럼 배를 바닥에 대고 상체를 들어 올리는 동작은 긴장된 복직근을 풀어주고 허리의 긴장도 함께 완화해 줍니다.

생리통이 있다고 해서 반드시 자궁에 구조적인 문제가 있는 것은 아닙니다. 물론 자궁근종이나 내막증, 호르몬 불균형 등의 병리적인 원인이 있을 수도 있지만, 더 많은 경우는 몸 전체의 순환 문제, 에너지 흐름의 정체, 또는 장부 기능의 부조화에서 비롯됩니다. 특히 중년 여성의 경우, 갱년기와 겹치며 몸의 '수습기운'이 떨어지고, 스트레스와 불규칙한 식습관이 쌓이면 자궁은 점점 더 차갑고 딱딱해집니다. 이때 생리통은 단순한 월경통이 아니라, 전신 건강의 경고음이 되기도 합니다.

출산 이후 생리통이 사라지는 경우도 있습니다. 임신과 출산을 거치며 자궁이 한 번 완전히 비워지고 다시 자리를 잡으면서 흐름이 달라지는 거죠. 반면, 출산 이후 오히려 생리통이 새로 생기는 분들도 있습니다. 출산 후 어혈이 다 빠져나가지 못했거나, 자궁이 원래 자리로 제대로 회복되지 못했을 때입니다. 산후에 어혈을 제거하고 자궁의 온기와 기능을 회복시키는 한약 처방은 단순한 '보약'이 아니라, 여성의 몸 전체를 회복시키는 중요한 치료 과정입니다. 이 시기를 잘 보내지 않으면 산후풍, 만성 생리통, 골반 통증, 심지어는 정신적 무기력감까지 이어질 수 있습니다.

초경 직후 생리통이 심한 청소년들도 많습니다. 이 시기의 통증은 자궁과 난소가 아직 충분히 성숙하지 못했기 때문인 경우가 많습니다. 이때 무작정 진통제만 반복하기보다는, 자궁이 자리를 잡아갈 수 있도록 도와주는 치료가 필요합니다. 한의학에서는 이런 시기를 성장과 조화의 시기로 보고, 무리하지 않게 체질에 맞는 한약으로 순환을 돕습니다. 제대로 치료해주면, 이후 여성으로서의 건강 기반을 잘 다질 수 있는 시기가 되기도 합니다.

무조건 "익모초가 좋다", "몸을 따뜻하게 하는 약을 먹어야 한다"라는 건 정답이 아닙니다. 가장 중요한 건 지금 내 몸의 상태를 정확히 아는 것입니다. 어디에서 막히고, 어디가 지나치게 긴장돼 있으며, 어떤 흐름이 정체되어 있는지 보는 것이 우선입니다. 생리통은 단순한 통증이 아니라 몸이 내는 신호입니다. "나는 지금 힘들어요. 제발 좀 도와줘요."라고 말하고 있는 것입니다. 그 신호를 그냥 넘기지 마세요.

한의학은 자궁 하나만을 보지 않습니다. 몸 전체의 균형, 기혈의 흐름, 장부의 기능, 감정의 상태까지 종합적으로 보는 의학입니다. 매달 반복되는 생리통이라는 고통 속에는 단지 자궁의 문제가 아니라, 삶 전체의 리듬과 건강이 담겨 있을 수도 있습니다. 한 달을 마무리하며 몸이 마지막으로 들려주는 소리에 귀를 기울이면, 당신의 몸도 서서히 그 응답에 화답할 것입니다.

괜찮다고 참지 마세요. 몸이 힘들면 마음도 따라 지칩니다. 진통제를 삼키기보다, 몸의 흐름을 바르게 잡아주는 치료를 시작해보세요. 한의학은 그 여정을 함께할 수 있는 지혜를 갖고 있습니다.

아이가 생기지 않아 걱정이라면
: 난임을 대하는 한의사의 마음

진료실에서 난임 상담을 하다 보면, 몸보다 마음이 먼저 지쳐 있는 분들을 자주 만나게 됩니다. 아이를 기다리는 시간이 길어질수록 마음속엔 자책이 쌓이고, 스스로를 다그치게 되지요. '혹시 나한테 문제가 있는 건 아닐까', '내가 뭘 잘못한 걸까', 그런 생각들이 마음을 눌러버립니다. 하지만 난임은 누구의 잘못도 아닙니다. 그저 지금의 몸 상태와 부부의 생활을 돌아보며 조금 더 준비해야 하는 시기일 뿐입니다.

흔히들 '불임'과 '난임'을 구분 없이 쓰시지만, 의미는 다릅니다. 불임은 의학적으로 임신이 불가능한 상태를 말하고, 난임은 임신이 쉽지 않은 상태를 뜻합니다. 아예 임신이 되지 않았던 경우도 있고, 첫 아이는 자연스럽게 생겼는데 둘째가 잘 안 되는 경우도 있습니다. 혹은 결혼한 지 얼마 안 돼서 임신을 시도해보고 몇 달 안 되어서도 걱정이 돼 병원을 찾는 경우도 있지요.

그런데 난임 문제를 이야기할 때 보면, 너무 한쪽 성(性)의 문제로만 보는 경우가 많습니다. 특히 여성의 문제라고 여겨지는 경우가 많지요. 실제로 진료실에 오시는 분들도 대부분 여성입니다. 심지어 남편은 오지 않고 시어머니 손에 이끌려 오는 경우도 있습니다. 그런 모습을 볼 때마다 안타까운 마음이 듭니다. 임신은 혼자 만드는 게 아닙니다. 난임도 결코 여성 혼자 감당해야 할 문제가 아닙니다.

가장 먼저 제가 꼭 확인하는 것이 하나 있습니다. 바로 부부 관계입니다. "요즘 부부 관계는 얼마나 하세요?" 하고 조심스럽게 물으면, "한 달에 한두 번 정도요"라는 대답이 생각보다 많이 돌아옵니다. 배란일에 맞춰 딱 하루만 시도하고, 결과가 없으면 실망하고 마는 방식. 이게 반복되면 어느 순간부터 부부 관계가 '의무'가 되고, '시험'처럼 느껴집니다. 아이를 위한 시도였던 것이 부부 모두에게 스트레스가 되어버리는 것이지요.

그런 관계에서 좋은 결과를 기대하긴 어렵습니다. 임신은 시험이 아닙니다. 시험관 시술이든 자연임신이든, 결국은 건강한 정자와 난자가 만나야 생명이 시작됩니다. 그리고 그 만남에는 사랑이, 여유가, 건강한 몸과 마음이 필요합니다.

한 여성 환자분은 몸이 허약해서 오랫동안 한약을 복용 중이었고, 남편은 야근과 회식이 잦아 항상 피곤한 상태였습니다. 그렇게 몇 달을 보내고도 임신이 되지 않자 시험관 시술을 고민하고 계셨지요. 제가 다시 여쭈었습니다. "요즘 두 분, 정말 사랑하며 관계 맺은 적 있으세요?" 그 질문에 잠시 침묵이 흐르더니, 결국 눈물을 터뜨리셨습니다. 그 눈물에는 단순한 피로가 아니라, 마음이 먼저 지쳐버린 부부의 현실이 담겨 있었습니다.

이런 경우도 있었습니다. 첫 아이는 어렵지 않게 자연임신으로 얻었던 부부였습니다. 그런데 둘째가 생기지 않아 3년 가까이 마음을 졸이던 어느 날, 어머니가 혼자 한의원을 찾아오셨습니다.

"첫째도 자연임신 했는데, 왜 이렇게 안 생기죠?"

문진을 해보니, 산모는 첫째 아이 출산 이후부터 잠을 거의 못 자고, 식사는 대충 때우며 늘 피곤한 상태로 지내고 있었습니다. 남편은 육아에 무관심했고, 서로 말수도 줄어든 상태였지요. 그 와중에 '둘째를 가져야 한다'라는 압박이 점점 커지고 있었습니다. 제가 말씀드렸습니다.

"아이를 낳을 준비보다, 엄마가 먼저 회복하셔야 해요."

그래서 몸을 회복시키는 데 초점을 맞췄습니다. 소화기와 자율신경을 안정시키는 한약을 쓰고, 식사와 수면 루틴을 다시 세워드렸습니다. 남편도 진료에 함께 오시게 했고, 함께 운동하고 생활 습관을 점검해 나갔습니다. 그렇게 넉 달쯤 지나 몸 상태가 좋아지자, 마음도 조금씩 여유를 되찾기 시작했습니다. 그리고 반년쯤 뒤, 자연스럽게 둘째가 찾아왔습니다. 그 아이는 단지 계획된 임신이 아니라, 준비된 부부에게 찾아온 생명이었습니다.

많은 분들이 난임의 원인을 '자궁이 차서'라고 단순하게 생각하시곤 합니다. 물론 자궁이 따뜻해야 임신에 도움이 됩니다. 하지만 그보다 더 중요한 건, 몸 전체의 조화입니다. 엄마가 밥도 제대로 못 먹고, 늘 소화가 안 되고, 잠도 제대로 못 자는 상태라면 자궁도 제 기능을 할 수 없습니다. 자궁은 몸의 일부입니다. 몸 전체가 건강하고 따뜻해야 자궁도 건강할 수 있습니다. 혈액순환이 잘 되고, 기운이 고루 돌고, 소화가 잘 되는 몸, 그게 바로 생명을 품을 준비가 된 몸입니다.

이런 이야기를 드리면, 환자분들 중에는 마음을 놓고 "그럼 임신은 나중이고, 일단 내 몸부터 돌봐야겠네요"라고 말씀하시는 분들도 있습니다. 그 순간부터 진짜 치료가 시작됩니다. 임신은 목적이 아니라 결과입니다. 몸이 회복되면 자연스럽게 찾아오는 선물이지요.

남성의 경우도 마찬가지입니다. 어떤 남성 환자는 직장 스트레스로 늘 피곤에 시달리던 30대 후반의 분이었습니다. 아내는 여성병원에서 여러 차례 검사를 받았고, 큰 문제가 없다는 진단을 받았지만, 임신이 잘 되지 않자 부부가 함께 한의원을 찾았습니다. 문진을 해보니 남편은 매일 야근에 회식, 주말엔 침대에서 골골대며 회복하는 생활을 반복하고 있었습니다. 정자 검사에서도 운동성이 떨어지고 수치가 낮게 나왔습니다. 그런데 본인은 말합니다.

"저는 정자엔 문제 없다고 들었어요. 아직 젊은데요."

그럴 때 저는 이렇게 말씀드립니다.

"정자는 몸이 기억하는 생활 습관의 결과입니다. 지금의 정자는 3개월 전의 당신의 삶을 그대로 반영하고 있어요."

정자 한 개가 만들어지고 사정되기까지는 약 3개월이 걸립니다. 그 사이에 얼마나 건강한 생활을 했느냐가 정자의 질을 결정합니다. 과로나 음주, 스트레스, 운동 부족, 이 모든 것이 정자의 상태에 영향을 줍니다.

그래서 한약 치료를 시작했습니다. 체력을 회복시키는 한약을 쓰고, 회식은 줄이고 운동을 늘렸습니다. 두 달 반쯤 지나자 아내가 말했습니다. "요즘 남편 얼굴이 달라졌어요. 웃고, 먼저 말을 걸어요." 그리고 넉 달 뒤, 자연임신이 확인됐습니다. 그 아이는 단지 생물학적인 결과물이 아니라, 함께 노력해서 만들어낸 결과였습니다.

실제로 시험관 시술을 준비하던 다른 부부도 기억에 남습니다. 남편은 평소 단백질 섭취도 부족하고 운동도 전혀 하지 않아 하체 근력이 많이 약한 상태였습니다. 함께 식단을 조정하고, 주 3회씩 걷기 운동부터 시작했습니다. 그렇게 몇 달간 몸을 다듬어 나간 끝에 자연임신이 이루어졌습니다. 아이는 몸이 건강해질 때 찾아온다는 말이 결코 틀린 말이 아닙니다.

진짜 준비된 임신은 '함께 하는 임신'입니다. 아이를 만들기 위해서가 아니라, 서로를 진심으로 아끼고 존중하는 과정에서 생명이 찾아옵니다. 억지로 맞춘 배란일에 의무처럼 맺은 관계, 감정 없는 피곤한 몸으로의 시도는 오히려 실패의 쓴맛만 반복하게 됩니다. 저는 진료 중에도 늘 이렇게 여쭤봅니다.

"두 분, 요즘 서로 잘 지내고 계세요? 서로 사랑하고 계세요?"

또한, 임신을 계획한다면 배란기를 정확히 이해하고, 너무 압박받지 않게 접근하는 것이 좋습니다. 생리 시작일로부터 역산해 14일 전이 배란일이며, 그 전후 3~5일간은 매일 관계를 가지는 것이 효과적입니다. 배란 테스트기를 활용하는 것도 방법이고요. 피곤하다고, 바쁘다고 미루다 보면 결정적인 시기를 놓칠 수 있습니다. 결국, 건강한 체력, 관계에 대한 열정, 그리고 충분한 여유가 있어야 가능한 일이지요.

  핵심은 단순합니다. 건강해야 합니다. 아이는 건강한 부모에게 찾아옵니다. 한쪽만의 문제로 단정 짓지 마세요. 몸을 돌보는 것부터, 마음을 다시 나누는 것부터 시작해보세요. 그렇게 함께 준비하는 임신이, 가장 자연스럽고 소중한 길입니다. 한약은 그 여정을 든든히 함께할 수 있는 치료법입니다. 단지 몸을 낫게 하는 약이 아니라, 몸과 마음을 동시에 살피며, 생명을 맞이할 준비를 함께 해주는 약입니다. 저는 그 길에서 많은 부부를 만났고, 그들의 작은 변화들이 결국 큰 기적을 만들어내는 걸 지켜보았습니다. 여러분도 그 기적의 주인공이 될 수 있습니다.

F. 아이의 성장, 수치보다 흐름을 먼저 보세요

아이들의 키, 그건
건강이 증명하는 결과입니다

한의원에 오는 어린이 환자들의 가장 큰 관심사는 단연 '성장'입니다. 진료실에서 "키가 크고 싶어요"라고 말하는 아이들을 만나면, 그 한마디 속에 담긴 고민과 기대, 불안을 동시에 느낄 수 있습니다. 부모님 입장에서도 마찬가지죠. 밥을 잘 안 먹는다, 자주 배가 아프다, 밤에 잠을 못 잔다. 이런 증상이 쌓일수록 머릿속엔 자연히 "이대로 괜찮을까? 우리 아이가 잘 클 수 있을까?" 하는 걱정이 떠나질 않습니다.

흔히 키는 시간이 지나면 자연히 크는 것으로 생각하기 쉽습니다. 하지만 실제로는 키가 자라는 것은 '결과'입니다. 한의학에서는 성장을 "잘 먹고, 잘 자고, 순환이 잘 되어야 비로소 일어나는 자연스러운 결과"로 봅니다. 다시 말해, 몸이 건강하게 작동할 수 있는 조건이 갖춰졌을 때 성장도 가능해지는 것이죠.

그래서 저는 환자 부모님들께 자주 이런 비유를 드립니다.

"오이고추 씨를 심었는데, 햇볕도 부족하고 병충해에 시달리고, 흙도 척박하고 물도 안 주면요? 그건 아무리 오이고추 씨앗이어도 결국 꽈리고추밖에 안 됩니다."

아이는 유전적으로 주어진 키의 가능성이 있습니다. 그러나 그 가능성은 조건이 충족될 때만 현실이 됩니다. 유전은 씨앗일 뿐, 자라는 건 환경이 만들어 줍니다.

예를 들어볼까요? 9세 여자아이 환자가 있었습니다. 이 아이는 늘 배가 아프다고 했고, 밥도 조금만 먹으면 금세 배가 불러 더 이상 못 먹는다고 했습니다. 배를 눌러보니 복직근이 단단하게 굳어 있었고, 잦은 설사로 장이 민감해진 상태였지요. 장은 두뇌보다 먼저 만들어지는 기관이고, 우리 몸의 에너지 흡수를 책임지는 핵심입니다. 이 아이는 한약으로 장의 열을 내리고, 위장 기능을 안정시키는 치료를 받은 뒤에야 식사량이 늘고, 친구들보다 작았던 키를 빠르게 따라잡기 시작했습니다.

반면 식욕은 좋은 것처럼 보이는 아이들도 있습니다. 하지만 자세히 들여다보면 이들은 자극적인 음식만 선호하고, 정작 밥은 잘 안 먹습니다. 입맛이 좋다고 해서 성장에 도움이 되는 것은 아닙니다. 간식이나 인스턴트 음식 위주로 식습관이 고정되면, 위장은 점점 더 약해지고 소화흡수 기능이 떨어지게 됩니다. 이는 단순히 체중의 문제가 아니라 성장의 기반이 흔들리는 것입니다.

성장에 있어 '열'도 큰 장애물이 됩니다. 특히 땀을 지나치게 흘리고, 더위를 많이 타며, 찬 음식만 찾는 아이들은 몸 안에 열이 쌓인 경우가 많습니다. 이런 상태가 되면 위장이 냉해지고, 진액이 부족해지며, 결국은 식욕 저하, 수면장애, 감정 기복까지 이어집니다. 한 7세 남자아이는 여름철만 되면 유난히 기운이 없고, 늘 지쳐서 낮잠을 자는 습관이 있었습니다. 저녁을 거르기 일쑤였고, 성장 속도도 늦었죠. 진액을 보충하고 열을 조절하는 치료를 통해 이 아이는 에너지가 회복되면서 성장도 함께 이루어졌습니다.

이처럼 아이가 건강하게 성장하기 위해 가장 중요한 건, 아주 기본적인 네 가지입니다.

첫째는 잘 먹는 것입니다. 그냥 배를 채우는 게 아니라, 내 몸을 구성할 수 있는 재료를 제대로 흡수해야 합니다. 같은 음식을 먹어도 누군가는 살이 되고 피가 되지만, 누군가는 금세 배가 아프고 화장실을 갑니다. 먹는다는 건 결국 내 몸을 만든다는 뜻입니다. 소화력이 좋아야 진짜 '잘 먹는' 거죠.

둘째는 잠을 잘 자는 것입니다. 특히 밤 10시부터 새벽 2시

사이, 깊은 잠을 잘 때 성장호르몬이 왕성하게 나옵니다. 겉으로 조용히 누워 있는 시간이지만, 몸 안에서는 뼈가 자라고 세포가 회복되는 가장 중요한 시간이죠. 불을 껐다고 잠든 게 아니라, 깊고 편안한 잠이 되어야만 성장에도 도움이 됩니다.

셋째는 기운이 잘 도는 것, 즉 순환입니다. 피와 기운이 잘 돌지 않으면, 아무리 좋은 음식도 원하는 곳에 닿지 못합니다. 손발이 차고, 얼굴빛이 어두운 아이들은 대체로 순환이 막혀 있는 경우가 많습니다. 이런 아이들은 자꾸 아프고 쉽게 지칩니다. 몸 안의 열과 진액, 영양분이 골고루 돌아야 키도 자랄 수 있는 겁니다.

넷째는 적절한 체중을 유지하는 것입니다. 마른 아이는 에너지가 부족하고 쉽게 피로해집니다. 성장이라는 건 여유 에너지를 써야 가능한 일인데, 기초 체력이 부족하면 성장도 멈추게 됩니다. 너무 비만한 것도 문제지만, 지나치게 마른 아이는 자랄 힘 자체가 부족할 수 있다는 걸 꼭 기억해야 합니다.

성장에 있어서 중요한 것은 '속도'가 아니라 '방향'입니다. 빨리 크는 것이 아니라, 꾸준히 자라고 있는가가 더 중요합니다. 특히 요즘은 성장호르몬 주사나 기능성 식품에 대한 관심이 많습니다. 하지만 그 어떤 보조요법도 아이 몸이 준비되어 있지 않다면 효과를 보기 어렵습니다. 예를 들어, 위장이 약하고 자주 체하는 아이에게 보양식이나 영양제를 과하게 투여하면 오히려 부작용만 생길 수 있습니다. 마치 소화도 안 되는 상태에서 고기만 계속 먹이는 것과 같습니다.

아이의 성장을 위한 환경은 하루아침에 바뀌지 않습니다. 식사 습관, 수면 습관, 생활 리듬, 정서적 안정, 이것들이 차곡차곡 쌓여야 비로소 '건강하게 크는 아이'가 됩니다.

성장은 단순히 키의 숫자를 늘리는 과정이 아닙니다. 아이가 자신의 몸을 충분히 활용하고, 그 안의 잠재력을 서서히 펼쳐가는 과정입니다. 그 속도는 아이마다 다르지만, 방향만 바르게 잡아준다면 분명히 자라납니다.

그래서 아이 키 때문에 고민하는 부모님들께 이런 질문을 드리고 싶습니다.

"우리 아이, 잘 먹고 잘 자고 잘 배출하고 있나요?"

그 질문 하나가 성장의 첫 단추입니다.

아이가 자랄 수 있는 환경,
성장호르몬보다 먼저 살펴야 할 것들

진료실에서 가장 자주 듣는 질문 중 하나입니다.

"선생님, 우리 아이 키가 너무 작아요. 성장호르몬을 맞아야 할까요?"

요즘은 키 하나에도 부모님들의 관심이 워낙 높습니다. 또래보다 조금 작기만 해도 '우리 아이에 무슨 문제가 있나?' 하는 불안감이 따라오죠. 그래서 성장호르몬 주사라는 선택지가 이미 머릿속에 있고, 진지하게 고민하시는 분들도 많습니다. 그런데 저는 그 질문을 받으면 곧바로 이렇게 되묻습니다.

"아이, 요즘 잠은 잘 자나요?"

"밥은 잘 먹고 있나요?"

"체중은 평균보다 어느 정도인가요?"

"자주 아프거나 쉽게 피곤해하지는 않나요?"

이 네 가지 질문은 아이의 몸이 정말 '자랄 준비가 되어 있는가'를 확인하는 데 가장 기본이 되는 체크 리스트입니다. 그런데 놀랍게도, 이에 대해 "네"라고 답하는 분은 많지 않습니다. 대부분의 아이들이 수면 시간이 부족하거나, 식사량이 적거나 소화력이 약하고, 혹은 정서적인 안정이 무너진 상태인 경우가 많습니다. 스마트폰과 태블릿에 매몰되어 마음이 편하지 않다면, 겉으로는 건강해 보여도 몸은 자랄 준비가 되지 않은 상태일 수 있는 것이지요.

생각해보면 성장호르몬은 결코 단독으로 작동하는 호르몬이 아닙니다. 이 호르몬이 효과를 내려면, 먼저 우리 몸이 그것을 잘 활용할 수 있는 환경이어야 합니다. 예를 들어 깊은 잠을 자는 동안, 성장호르몬은 가장 활발하게 분비됩니다. 그런데 수면이 짧거나, 질이 낮으면 이 효과는 반감됩니다. 또한 성장호르몬이 작용하려면 단백질, 무기질, 진액 같은 '재료'가 필요합니다. 하지만 위장이 약해 음식 섭취가 적거나 흡수력이 떨어진다면, 아무리 호르몬을 주사를 통해 주입해도 효과는 미미할 수밖에 없습니다.

무엇보다 중요한 건, 성장호르몬 주사는 아이의 성장을 앞당길 수는 있지만, 키의 최대치를 절대적으로 크게 만들어주는 것은 아니라는 사실입니다. 다시 말해, 아이가 성장할 수 있는 모든 조건이 완벽하게 갖춰진 상태에서 주사를 맞으면 보조 효과는 있을 수 있습니다. 하지만 몸이 준비되지 않은 상태에서 외부 호르몬을 억지로 주입하면, 단기간의 성장 변화는 있을 수 있지만, 결과적으로는 성장판이 조기에 닫히고, 성장이 일찍 종료될 수 있는 위험성도 있다는 사실입니다.

실제로 경험한 케이스가 있습니다. 초등학교 5학년 남자아이가 성장호르몬 주사를 6개월간 맞았으나 키 변화는 거의 없었고, 오히려 식욕이 줄고, 밤잠을 잘 못 자는 문제가 생겼습니다. 자세히 들여다보니 이 아이는 밤 11시 이후 잠들었고, 간식과 인스턴트 위주로 식사하며 소화불량으로 배가 자주 아팠습니다. 결국, 문제는 호르몬이 아니라 환경이었던 겁니다. 이 아이에게는 성장호르몬보다 먼저 수면 리듬을 바로잡고, 따뜻한 식단으로 바꿔 소화기 기능을 안정시키는 것이 필요했습니다. 거기에 한약을 병행해 위장을 따뜻하게 하고 흡수력을 높여주었지요. 두 달이 지나자 피로감이 줄고 식사량이 늘었으며, 3개월 후부터는 자연스럽게 키가 자라기 시작했습니다. 몸이 자랄 준비가 되면, 외부 자극 없이도 충분히 성장의 흐름이 돌아온다는 것을 확신할 수 있었습니다.

이 과정에서 우리가 또 돌아봐야 할 중요한 요소는 '체중'입니다. 대부분 부모님들은 키에만 집중하지만, 성장기의 체중은 사실 키보다 더 중요한 성장 지표가 될 수 있습니다. 체중이 너무 낮으면 아이는 쉽게 피로해 하고 위장이 약하며, 진액이 부족해 성장의 에너지를 만들기 어려워집니다. 반면 약간 통통한 아이들은 성장 여유가 더 있습니다. 몸 안에 저장된 에너지가 있어야 뼈와 근육이 자랄 수 있기 때문입니다.

또 마른 체형의 아이들은 편식과 소화력 문제로 성장에 어려움을 겪는 경우가 많습니다. 초등학교 3학년 여자아이가 있었는데, 키도 작고 체중도 평균보다 한참 낮았습니다. 편식이 심했으며, 소화하기 힘든 음식 위주로 식사하는 습관이었죠. 부모님이 우유, 요거트, 과일 주스를 중심으로 영양 관리를 하셨지만, 오히려 찬 성질의 음식이 반복되면서 위장이 더 약해졌습니다. 이 아이에게는 따뜻한 한약으로 위장을 보하고, 익힌 야채와 차가운 물 대신 미지근한 물 위주로 식단을 바꾸는 치료를 시작했습니다. 2개월이 지나자 식사량이 안정되었고 체중이 늘었으며, 6개월 뒤에는 키도 평균을 회복했습니다. 이처럼 체중과 성장 사이에는 분명한 상관관계가 있으며, 몸이 자랄 준비가 되어야 자랄 수 있다는 말이 그대로 맞아떨어졌습니다.

덧붙여 성장기에는 반드시 '움직임'이라는 자극이 필요합니다. 줄넘기, 농구, 달리기 같은 활동은 뼈를 자극하고 성장판 주변 혈류를 증가시켜 성장 신호를 촉진합니다. 성장판은 외부 자극이 있어야 활성화됩니다. 아무리 좋은 음식과 약을 먹어도, 하루 종일 앉거나 활동이 부족하면 뼈가 제대로 자극을 받지 못해 성장 조건이 약해지는 것이지요.

요즘 아이들의 생활은 굉장히 정적입니다. 온라인 수업, 학원 이동, 스마트폰과 태블릿 사용으로 인해 자연스러운 움직임 자체가 사라졌습니다. 그래서 저는 부모님들께 이렇게 권합니다.

"줄넘기 하루에 100개만 시켜보세요. 꾸준히만 해도 분명히 달라집니다."

이 작은 습관이 아이의 성장에 큰 영향을 줄 수 있습니다.

또 간과하기 쉬운 성장의 조건은 정서적인 안정입니다. 불안하고 예민한 아이들은 깊은 잠을 자지 못하고, 호르몬 분비도 불규칙해집니다. 긴장 상태가 지속되면 교감신경이 항진되어 위장 기능이 떨어지고, 식사량이 줄며, 피로가 빨리 찾아옵니다. 결국, 이런 정서적 스트레스는 성장의 걸림돌이 됩니다. 아이가 편안하게 웃고 놀며, 안전하다고 느낄 수 있는 환경은 성장에 가장 큰 밑거름이 됩니다.

마지막으로 강조하고 싶은 건, 각종 검사는 참고 자료일 뿐이라는 점입니다. 성장판 X-레이나 성장률 그래프는 참고는 될 수 있지만, 그것이 절대적인 미래를 보장하지는 않습니다. 아이의 키는 단지 호르몬 수치만으로 결정되는 것이 아닙니다. 그 아이가 지금 얼마나 건강하게 잘 살고 있는지, 얼마나 자랄 수 있는 환경을 가지고 있는지—그것이 훨씬 더 중요한 판단 기준입니다.

혹시 지금 우리 아이 키가 걱정되시나요? 그렇다면 이렇게 스스로 물어보시길 권합니다. 요즘 아이가 편하게 잘 자고 있나요? 식사량은 충분히 늘고 있나요? 체중은 너무 낮지는 않나요? 자주 아프거나 쉽게 피곤해하지 않나요? 하루에 충분히 뛰고 놀 시간이 있나요? 그리고… 아이는 요즘 잘 웃고 있나요?

이 질문들에 "네"라고 자신 있게 답할 수 있다면, 그 아이는 분명 자라고 있는 중입니다. 성장의 본질은 수치가 아니라 흐름이고, 그 흐름을 만들어주는 것은 결국 일상을 구성하는 가족과 환경입니다. 성장은 자연의 일입니다. 억지로 끌어당기는 것이 아니라, 자랄 준비가 된 아이에게 시간과 에너지를 주는 과정입니다.

건강한 환경이야말로, 아이에게 줄 수 있는 최고의 성장호르몬입니다. 그 어떤 약이나 주사보다, 아이를 가장 잘 자라게 하는 것은 바로 여러분의 따뜻한 관심과 배려입니다. 부모님의 작은 선택이 아이의 성장 방향을 결정합니다. 아이의 환경을 돌아보고, 몸과 마음이 함께 자라나는 성장을 만들어주세요.

"우리 애는 왜 밥을 안 먹을까요?"
: 밥투정 뒤에 숨은 몸과 마음의 이야기

진료를 하다 보면 이런 이야기를 참 많이 듣습니다.

"애가 밥을 안 먹어요. 입이 너무 짧아요. 조금만 먹고는 배부르다고 하고, 군것질만 하려고 해요."

사실 아이가 잘 먹는 것만큼 부모 마음이 흐뭇해지는 일이 또 있을까요. 한 숟가락이라도 더 먹이고 싶고, 누구보다 건강하게 잘 자라길 바라는 게 부모 마음일 텐데, 그 마음과는 다르게 애가 밥상 앞에서 젓가락을 놓기만 하면 마음이 급해지고 속이 타들어 갑니다.

그런데 이렇게 밥을 잘 안 먹는 아이들을 가만히 살펴보면, 단순히 "입이 짧아서"라는 말로 설명이 안 되는 경우가 많습니다. 그저 편식하는 버릇이나 성격 문제로 치부하기엔 몸에서 보내는 신호들이 분명히 있다는 거죠. 예를 들어, 밥은 잘 안 먹는데 아이스크림이나 빵, 과자 같은 단 음식이나 시원한 음료는 잘 먹는 경우가 참 많습니다. 이런 아이들은 한의학적으로 보면 몸에 열이 많고 진액이 부족한 경우가 많습니다. 쉽게 말하면 속이 뜨겁고, 몸은 말랐으며, 땀도 많고, 더위를 많이 타는 아이들이에요. 땀이 많다는 건 그만큼 체내 수분이 자꾸 빠져나간다는 의미이고, 그로 인해 속이 더 건조해지고, 위장도 예민해질 수밖에 없습니다.

이런 상태를 조금 극단적으로 설명하자면, 100m 전력 질주를 막 마친 사람에게 "자, 이제 밥 먹어봐"라고 하는 것과 비슷합니다. 막 뛰고 나서 헉헉대는 상황에서는 밥보다는 시원한 음료가 더 당기잖아요. 그게 바로 이 아이들의 속 상태와 비슷한 겁니다. 속에 열이 올라와 있으니 밥은 안 당기고 자꾸 차가운 거, 단 거에만 손이 가는 거지요. 이런 아이들에게 밥을 억지로 먹이려 하면 오히려 소화불량만 생기고, 식사 시간이 스트레스가 되기 쉽습니다. 오히려 열을 가라앉히고 땀을 덜 흘리게 하면서 진액을 보충해주는 방향으로 몸을 먼저 안정시켜야 밥을 제대로 먹을 수 있습니다.

반대로 어떤 아이들은 배가 자주 아프다고 합니다. 밥을 조금만 먹어도 금방 배가 부르다고 하고, 먹는 것 자체에 큰 관심이 없습니다. 입맛이 없는 건 물론이고, 식탁 앞에 앉는 것 자체가 힘겨운 아이들도 있어요. 이런 경우는 한의학적으로는 비위가 허약한 경우가 많습니다. 쉽게 말해, 소화 기능 자체가 약한 아이들이지요. 소화력이 약하니 금방 체하고, 장에 가스가 차거나 답답함을 자주 느끼게 됩니다. 특히 이런 아이들은 대변도 딱딱하거나, 설사를 자주 하거나, 몸이 차가운 경우도 많습니다. 음식이 들어가도 제대로 소화되거나 흡수되지 못하고, 계속 장에서 밀려 나오는 상태인 겁니다.

이런 경우 단순히 입맛을 돋우는 약이나 비타민을 주는 건 큰 효과가 없습니다. 마치 막혀 있는 하수구에 물을 붓는 격이지요. 위장이라는 배수관에 뭔가가 막혀 있는데, 자꾸 뭘 넣기만 하면 오히려 더 막히고 복부 팽만이나 복통이 심해집니다. 그래서 막혀 있는 부분이 어디인지, 어떤 담적이 쌓여 있는지를 정확히 보고, 그걸 뚫어주는 치료가 선행돼야 합니다. 한약을 통해 위장을 따뜻하게 데워주고, 담적을 풀어주는 과정을 거치면 아이의 식욕도 자연스럽게 살아나게 됩니다.

그런데 또 어떤 아이들은 부모님 말로는 "잘 먹는 편이에요"라고 해요. 하지만 아이는 또래보다 작고 마른 경우가 많고, 체중도 잘 안 늡니다. 밥도 잘 먹고 간식도 거르지 않는데 왜 이렇게 마를까요? 이런 아이들은 대체로 대변 상태를 보면 금방 답이 나옵니다. 하루에도 몇 번씩 묽은 변을 보거나, 아침마다 설사를 하는 경우가 많거든요. 먹는 건 많은데, 흡수가 안 되고 그냥 흘러나가 버리는 상태인 겁니다. 위장에서 소화는 어느 정도 되더라도, 장에서 영양소가 흡수되지 못하고 그대로 나가버리면 아무리 좋은 걸 먹여도 체중이 늘지 않고 키도 잘 자라지 않습니다.

이런 경우는 무엇보다 장의 기능을 회복시키는 게 가장 중요합니다. 장이 안정되어야 음식물이 제대로 흡수되고, 그 흡수된 영양분이 성장으로 연결될 수 있거든요. 한의학에서는 이런 아이들에게는 장을 따뜻하게 하면서 흡수력을 높여주는 약을 씁니다. 단순히 보약을 쓰기보다는 먼저 장을 고르고, 그 다음에 보약을 쓰는 게 훨씬 효과적입니다.

그리고 간혹 이런 경우도 있습니다. 아이가 갑자기 밥을 잘 안 먹게 되었다는 겁니다. 전에는 잘 먹던 아이가 요즘 따라 입맛이 없고 밥을 밀어낸다는 거지요. 자세히 들어보면, 최근 들어 엄마가 너무 바빠서 식사 준비를 자주 못했거나, 가족 식사 시간이 줄어들었다는 이야기가 나옵니다. 또는 어린이집이나 학교에서 식사에 대한 스트레스를 받았던 경험이 있었다든지, 혼자 밥을 먹는 시간이 많아졌다든지 하는 이야기도 많습니다. 결국, 밥을 안 먹는 문제는 단순히 '음식'의 문제가 아니라, '관계'와 '정서'의 문제일 수 있다는 이야기입니다.

 아이들에게 밥이란 단지 영양을 채우는 수단만은 아닙니다. 엄마 아빠와 함께 앉아 먹는 따뜻한 시간이고, 관심과 사랑이 오가는 통로입니다. 그런데 바쁜 일상 속에서 인스턴트 음식이나 배달 음식만 반복되다 보면, 아이들도 무언가 허전함을 느끼게 되고, 점차 식욕 자체가 줄어들게 됩니다. 마치 외로움이 위장을 움츠리게 만드는 것처럼요. "애가 그냥 안 먹는 게 아니라, 같이 밥 먹을 사람이 없는 건 아닐까"라는 시선으로 한 번쯤 돌아보는 것도 필요합니다.

 이렇듯 아이들이 밥을 안 먹는 이유는 단 하나로 설명되진 않습니다. 체질적인 문제, 위장 기능의 문제, 심리적인 요인, 생활 습관의 문제 등이 복합적으로 얽혀 있기 때문입니다. 그렇기 때문에 단순히 보약 한 제로 해결될 수 있는 문제는 아니며, 아이의 몸 상태를 꼼꼼히 살펴보고, 필요한 치료를 단계적으로 해 나가는 것이 필요합니다.

 밥 잘 안 먹는 아이는 그 자체로 부모의 고민이고, 걱정거리입니다. 하지만 그 안에는 아이가 보내는 다양한 신호들이 숨어 있습니다. 몸이 불편해서일 수도 있고, 속이 차서일 수도 있고, 사랑받고 싶다는 무언의 표현일 수도 있습니다. 아이가 입을 꾹 다물고 있을 때, 그 침묵을 억지로 열려 하지 말고, 그 이유를 들어보는 것부터 시작하면 좋겠습니다. 그리고 몸의 문제라면 그에 맞는 치료를, 마음의 문제라면 따뜻한 관심을 채워주는 게 먼저일 것입니다.

아이에게 밥 한 그릇은 단순히 열량만의 문제가 아닙니다. 그 안엔 건강도, 정서도, 사랑도 담겨 있습니다. 아이가 잘 먹는다는 건, 몸이 편안하고, 마음이 안정되어 있다는 뜻이기도 합니다. 밥 한 숟가락이 반가운 부모의 마음처럼, 아이도 그 마음을 느끼고 함께 웃을 수 있기를 바랍니다. 잘 먹는 아이, 그건 그냥 저절로 되는 일이 아니라, 아이의 속 이야기를 잘 들어주고 함께해주는 부모의 따뜻한 노력에서 시작되는 일입니다.

"다리가 아프대요, 성장통일까요?"

"요즘 애가 계속 다리가 아프다고 해요."

진료실에서 이런 얘기를 자주 듣습니다. 보통은 밤에 잘 때 아프다고 하고, 낮에는 별말이 없다가 잠들기 전이나 새벽에 깨서 아프다고 울기도 한다지요. 처음에는 "크느라 그런 거겠지" 하다가, 며칠이고 계속되면 부모님 마음이 심란해집니다. 병원에 가봐도 뚜렷한 이상은 없다고 하고, 엑스레이나 피검사를 해도 별다른 문제는 없다고 하니, 그냥 시간이 지나면 낫겠거니 하고 넘기는 경우도 많습니다. 그런데 아픈 건 아픈 거거든요. 애가 밤에 못 자고 뒤척이다 보면 부모도 함께 잠을 설치고, 공부도 집중 못 하고, 운동도 꺼리게 되고…, 일상에 은근한 영향을 미치는 경우가 많습니다.

이럴 때 우리가 흔히 말하는 것이 '성장통'입니다. 말 그대로 성장하면서 생기는 통증이라는 뜻인데, 의외로 이 성장통에 대해 제대로 설명을 들은 적은 별로 없으실 거예요. 성장통은 사실 병이라기보단, 성장기 아이들에게서 나타나는 일종의 현상에 가깝습니다. 하지만 통증이 있다는 점에서 분명히 치료와 관리가 필요한 증상이기도 합니다. 그냥 참고 지나가야 한다는 말은, 아픈 아이 입장에서는 별 도움이 되지 않거든요.

아이들이 크는 시기에는 뼈가 아주 빠른 속도로 자라납니다. 그런데 그 뼈를 지지해주는 근육이나 인대는 그 속도를 따라가지 못하는 경우가 많습니다. 마치 천장이 금방 올라갔는데 벽체 공사는 덜 된 집처럼, 몸 안에서도 구조적으로 일시적인 부조화가 생기는 거지요. 그러다 보니 인대와 근육이 긴장 상태에 놓이게 되고, 결국 통증이 생깁니다. 아이가 자는 동안 성장호르몬이 분비되면서 뼈의 성장이 활발해지기 때문에, 유독 밤에 통증을 호소하는 경우가 많은 것도 이 때문입니다.

하지만 막상 아이를 진찰해 보면 관절에 큰 이상이 있거나, 움직임에 제한이 있거나, 특정 부위를 눌렀을 때 심하게 아파하는 경우는 드뭅니다. 그래서 성장통은 인대 염좌나 근육 파열과는 다르게 봐야 합니다. 염좌는 삔 것이기 때문에 눌렀을 때 아프고, 움직일 때 통증이 심하거든요. 반면 성장통은 통증은 있지만, 관절 움직임에 큰 영향을 주지는 않습니다.

한의학에서는 이런 성장통을 '진액 부족'과 '기혈 순환의 부조화'로 봅니다. 다시 말해 몸에 적절한 윤활과 영양을 공급해 주는 진액이 부족하거나, 피와 기운이 원활하게 돌지 못할 때 나타나는 현상이라는 거죠. 특히 마른 체형에 땀이 많고, 쉽게 피로해지는 아이들에게서 자주 나타나는 경향이 있습니다. 이 아이들은 대체로 진액이 부족하고 근육이 뻣뻣해져 있는 경우가 많습니다. 몸이 유연하지 않으니 뼈가 자랄 때 그 유연하지 못한 근육들이 긴장하면서 통증이 생기게 되는 겁니다.

그래서 우리는 이런 성장통에 대해 가장 먼저 권하는 것이 따뜻한 찜질입니다. 무릎이나 정강이 주변에 따뜻한 찜질팩을 얹어주면 통증이 훨씬 줄어듭니다. 따뜻한 기운이 근육을 이완시키고, 혈액순환을 도와주기 때문이지요. 찜질만으로 충분치 않은 경우엔 침 치료를 병행합니다. 특히 봉약침은 소염 작용과 진통 효과가 뛰어나 아이들이 치료 후 바로 편해졌다고 느끼는 경우가 많습니다. 처음에는 침을 무서워하던 아이들도 몇 번 치료받고 나면 "침 맞고 나면 안 아파요"라며 스스로 찾는 경우도 있지요.

또 한 가지 중요한 건, 성장통이 계속 반복되거나 통증이 심한 경우에는 한약을 통해 근본적인 체질 개선을 함께 해주는 것이 좋습니다. 진액을 보충해주고, 근육의 유연성을 높여주는 약재들을 사용하면 통증 발생 자체가 줄어들고, 전반적인 성장 에너지에도 도움이 됩니다. 실제로 한약을 꾸준히 복용한 아이들이 성장통 없이 무난하게 사춘기를 지나는 경우도 많습니다. 물론 아이들 체질에 맞게 조제되어야 하고, 성장기라는 시기의 특성을 고려해 신중하게 접근해야겠지요.

여기서 한 가지 더 짚고 넘어가야 할 게 있습니다. 성장통이 한쪽 다리에서만 주로 나타나거나, 좌우 불균형한 통증이 반복되는 경우입니다. 이럴 땐 단순히 통증을 넘어서, 몸의 균형 문제를 의심해봐야 합니다. 자는 자세, 앉는 습관, 걸음걸이 등 일상에서의 잘못된 패턴이 누적되면 골반이 틀어지고, 척추의 정렬이 흐트러지면서 통증이 생기게 됩니다. 아이가 커가면서 이런 작은 불균형들이 고착되면 체형이 비뚤어지고, 결국 키 성장에도 영향을 줄 수 있습니다.

마치 나무가 삐뚤게 자라면 그만큼 높이 자라기 어렵듯이, 사람도 똑바로 자라는 것이 중요합니다. 그래서 이럴 땐 단순 찜질이나 한약만으로는 부족합니다. 몸의 정렬을 바로잡아주는 추나요법이나 교정 치료를 함께 해주는 것이 필요합니다. 골반을 바로 잡고, 다리 길이 차이나 척추의 틀어짐을 교정해주는 치료를 통해 아이가 바르게 성장할 수 있는 환경을 만들어줘야 합니다.

그런데 부모님들이 흔히 오해하시는 것 중 하나가, 성장통은 크면 알아서 사라지는 거니까 그냥 참고 지나가야 한다는 생각입니다. 물론 많은 경우 자연스럽게 사라지기도 합니다. 하지만 그 과정에서 아이가 밤마다 아파하고, 활동량이 줄어들고, 공부에 집중을 못 한다면 그건 그냥 넘길 문제가 아닙니다. 아이의 삶의 질에 영향을 주는 증상이라면, 치료해줘야 마땅하죠. 그리고 무엇보다 성장통이 몸의 불균형이나 진액 부족 같은 체질적인 약점을 드러내는 신호일 수 있다는 점에서, 이 시기를 치료의 기회로 삼는 것도 중요한 접근입니다.

진료실에서 자주 듣는 이야기 중 하나가, "그땐 그냥 참고 지나갔는데, 지금 보니 자세가 많이 틀어졌어요"라는 말입니다. 어린 시절의 작은 통증들이 그대로 방치되면, 자라면서 체형의 문제로 이어지고, 이후 어깨 통증이나 허리 통증, 무릎 이상으로 발전하는 경우도 많습니다. 그러니 지금의 성장통을 단순한 통증으로만 보지 말고, 아이 몸의 신호를 읽는 기회로 삼는 것이 필요합니다.

우리는 흔히 아이들이 "쑥쑥 큰다"라는 말을 합니다. 그런데 그 쑥쑥 크는 과정이 마냥 편하고 부드럽지만은 않습니다. 어느 날 갑자기 다리가 아프고, 자다가 깨서 울고, 다음 날 피곤해하고, 그런 일들이 쌓이면서 아이의 하루하루가 달라지게 됩니다. 이럴 때 적절한 치료와 관리가 이루어진다면, 아이는 좀 더 편안하고 안정적인 성장을 할 수 있게 됩니다.

한의학은 그런 점에서 참 따뜻한 의학입니다. 단지 증상을 억누르는 것이 아니라, 몸 전체의 균형을 살피고, 체질에 맞게 조절해가며 아이가 건강하게 자랄 수 있도록 돕기 때문이지요. 성장통을 겪고 있는 아이가 있다면, 그 아이의 아픔을 가볍게 여기지 마시고, 그 시기를 함께 잘 넘길 수 있도록 따뜻한 손을 내밀어주시길 바랍니다. 그 작은 관심과 치료가 아이의 내일을 훨씬 더 건강하고 단단하게 만들어 줄 수 있을 테니까요.

G. 한의원을 이해하는 첫걸음

내 몸을 지키는 진짜 면역 관리법
: 면역은 '강화'보다 '회복'이 먼저입니다

요즘 들어 "면역력"이라는 말을 정말 자주 듣습니다. 건강 프로그램에서도 빠지지 않고 나오고, 마트나 약국에 가도 '면역에 좋은 음식', '면역 강화 영양제'들이 눈에 띄게 많아졌지요. 진료실에서도 마찬가지입니다. "요즘 면역력이 약해진 것 같아요", "면역 좀 키우고 싶어요"라는 말이 거의 인사처럼 들릴 정도입니다. 그런데 정작 "면역이 뭔가요?"라고 물으면, 대답을 선뜻 하시는 분은 많지 않습니다.

면역이라는 건 단순히 병에 안 걸리는 힘, 바이러스를 이기는 힘을 말하지 않습니다. 한의학에서 바라보는 면역은, 내 몸이 스스로 정상 상태를 지키는 능력입니다. 쉽게 말하면, 내가 원래의 나로 있기를 도와주는 힘이라고 할 수 있겠지요. 외부의 자극이 와도 쉽게 무너지지 않고, 안에서 문제가 생겨도 스스로 복구해내는 조절력과 회복력. 그게 바로 면역입니다.

면역력은 사실 누구나 가지고 태어납니다. 그 자체로 대단한 능력이에요. 문제는 그것이 약해졌을 때입니다. 많은 분들이 "면역력이 약해졌으니까 뭘 더 먹어야겠다, 보약을 지어야겠다"라고 생각하십니다. 물론 도움이 될 수는 있습니다. 하지만 그보다 먼저 생각해야 할 것은, '내 몸이 왜 약해졌을까?'입니다. 다시 말하면, 약해진 면역을 억지로 끌어올리는 것이 아니라, 떨어진 이유를 살펴보고 다시 제자리로 '회복'시키는 것이 훨씬 더 중요하다는 말이지요.

진료실에서 있었던 일이 떠오릅니다. 반복되는 감기와 두드러기로 오랜 시간 고생하던 40대 여성분이 계셨습니다. 겉으로 보기엔 말끔하셨지만, 이야기를 나눠보니 수면은 늘 부족했고, 식사도 자주 거르시는 편이었습니다. 아침을 대충 넘기고, 점심은 바쁘다고 대충 먹고, 저녁은 늦게야 제대로 된 식사를 하시는 식이었지요. 이분은 면역력이 약해진 것 같다고 말씀하셨지만, 면역이 약한 게 아니라, 몸이 회복할 틈조차 없이 지쳐 있었던 겁니다. 그래서 저는 면역을 '강화'하는 보약보다는, 수면과 식사를 다시 맞추고, 몸 안의 순환을 도와주는 처방부터 시작했습니다. 두 달 정도 지나자 두드러기는 줄고 감기도 덜 걸리기 시작했어요. 그리고 어느 날, "요즘은 몸이 편안한 느낌이에요"라는 말씀을 하셨습니다. 뭔가 특별한 약을 쓴 것도 아니었고, 몸의 리듬을 회복시켜준 것뿐이었습니다.

요즘 특히 걱정되는 것이 바로 항생제의 남용입니다. 항생제는 정말 꼭 필요한 경우에만 쓰여야 하는 약입니다. 세균 감염으로 인한 중증 질환에는 생명을 구하는 중요한 역할을 하기도 하지요. 하지만 지금은 감기만 걸려도, 열이 조금만 나도, 습관처럼 항생제를 처방받는 일이 너무 흔합니다. 특히 아이들에겐 더 위험합니다. 콧물이 조금 난다거나 기침이 시작됐다는 이유로 항생제를 쉽게 쓰면, 아직 자라나는 아이의 면역 체계는 제 기능을 하지 못하게 됩니다. 항생제는 몸속의 세균을 무차별적으로 공격하기 때문에, 우리 몸에 꼭 필요한 유익균까지 함께 파괴됩니다. 특히 장내 유익균이 줄어들면 소화기계는 물론이고 면역 시스템 전체가 흔들리게 됩니다. 결국, 항생제를 자주 쓰면 쓸수록, 내 몸은 외부 자극에 훨씬 더 민감하게 반응하게 되고, 자가 회복 능력은 점점 더 떨어지게 됩니다.

더욱 심각한 문제는 이렇게 반복적인 항생제 사용이 장기적으로 '면역 자체의 불균형'을 만들 수 있다는 점입니다. 항생제는 순간적인 증상 완화는 줄 수 있어도, 근본적인 회복을 방해할 수 있습니다. 그래서 저는 감기나 열 증상만으로 항생제를 먼저 선택하는 것을 매우 조심스럽게 봅니다. 몸이 스스로 회복하려는 힘을 살리고, 무너진 균형을 다시 세우는 것이 더 건강하고 오래가는 치료이기 때문입니다.

제가 본 한 아이가 생각납니다. 7살 남자아이였는데, 3개월 동안 계속 감기를 앓고 있었고, 그 사이 항생제를 몇 차례나 복용했더군요. 어머니는 "이젠 면역 보충제를 먹여야 할 것 같아요"라며 걱정하셨습니다. 하지만 저는 아이의 증상이 아직 열도 없고, 기침만 남은 상태임을 확인하고, 자율 조절력을 키울 수 있도록 도와주는 처방을 했습니다. 아이가 스스로 이겨내는 힘을 회복할 수 있게, 장과 비위를 따뜻하게 하고, 수면을 안정시켜주는 방식이었죠. 그렇게 한 달이 지나자 감기의 빈도도 줄었고, 회복 속도도 훨씬 빨라졌습니다.

많은 분들이 진료실에서 이렇게 말씀하십니다. "면역력을 좀 높이고 싶어요." 그런데 면역이라는 건 수치처럼 무한정 끌어올릴 수 있는 것이 아닙니다. 면역력을 높인다고 해서 무슨 슈퍼맨처럼 병에 전혀 안 걸리는 몸이 되는 것은 아니지요. 오히려 면역은 '지나치게 낮아도 문제고, 과도하게 높아도 문제'입니다. 알레르기나 자가면역질환처럼, 면역 기능이 과하게 반응할 때도 몸은 스스로를 괴롭히게 됩니다. 그래서 저는 '면역을 높인다'라는 말을 '면역 기능의 균형을 바로잡는다'라는 의미로 다시 정리하고 싶습니다. 다시 말해, 흐트러진 몸의 리듬을 바로잡고, 면역이 제 역할을 할 수 있는 기반을 마련해주는 것이 먼저입니다.

특히 요즘처럼 스트레스와 피로에 지친 몸에는 단순한 휴식만으로는 부족한 경우가 많습니다. 이미 리듬이 무너지고, 회복력이 바닥난 몸에는 회복을 위한 '자극'이 필요합니다. 그 자극이 바로 한약이 할 수 있는 역할입니다. 지쳐서 움직이지 못하는 몸을 살짝 일으켜주는 부드러운 손길처럼, 몸의 기능을 무리 없이 회복시키고 조절해주는 것이 한약의 강점입니다. 충분히 자고, 편안하게 소화하고, 제때 배출할 수 있도록 도와주는 치료가 먼저 이루어져야, 그 안에서 면역도 자연스럽게 다시 자리를 잡게 됩니다. '면역을 키운다'라는 건, 그렇게 몸 전체를 조율해나가는 과정에서 이루어지는 것입니다.

30대 직장인 남성 환자 한 분이 기억납니다. 늘 피로하고, 계절마다 감기를 달고 산다고 하셨습니다. 그런데 이야기를 들어보니, 불규칙한 식사, 잦은 야근, 부족한 수면… 몸이 쉬어야 할 시간은 턱없이 부족했습니다. 본인은 건강기능식품도 잘 챙겨 먹고 있다고 하셨지만, 정작 중요한 건 '몸이 받아들일 준비가 되었는가'였습니다. 그래서 먼저 생활 리듬을 조정하고, 장 기능을 도와주는 한약으로 시작했습니다. 두어 달이 지나자 피로도 덜하고, 감기 증상도 거의 없어졌다고 하셨어요. "보약보다 중요한 건 기본이군요"라는 말씀을 하셨는데, 그 말이 참 와닿았습니다.

아이의 감기 이야기로 다시 돌아가 볼까요. "우리 아이는 왜 이렇게 감기에 자주 걸리나요?"라는 질문, 부모님들께 정말 많이 듣습니다. 하지만 아이가 감기를 자주 앓는다고 해서 반드시 면역력이 약하다고 볼 수는 없습니다. 아이는 아직 체온 조절 능력이 미숙하고, 외부 환경 변화에 민감하게 반응합니다. 특히 환절기처럼 기온이 급격히 바뀌는 시기에는 감기에 노출될 가능성이 커집니다. 이건 면역이 약해서라기보다, 성장하는 몸이 환경에 적응하는 '과정'일 수도 있습니다.

한 번은 6살 여자아이가 감기와 기침으로 자주 내원했는데, 알고 보니 아이가 항상 얇은 옷을 입고 찬 음식을 즐겨 먹고 있었어요. 그리고 장도 예민한 편이었습니다. 그래서 체온 조절을 돕고, 장을 따뜻하게 해주는 처방을 했습니다. 석 달쯤 지나니 감기 빈도가 줄고, 아이가 예전보다 활기차졌다는 말씀을 들었지요. 중요한 건 '아이 몸의 리듬'을 회복시켜주는 것이었습니다.

나이가 들면 면역 기능도 자연스럽게 약해집니다. 그래서 노년기에는 회복력뿐 아니라 기본적인 '보충'이 필요할 때가 많습니다. 저는 종종 '묘목과 고목' 이야기를 합니다. 묘목은 아직 연약하지만 진액이 풍부하고, 고목은 단단하지만 퍽퍽하지요. 나이가 들면 몸도 점점 단단해지지만, 동시에 말라갑니다. 이때는 단순히 조절하는 것만으로는 부족하고, 생명의 물을 보충해주는 한약이 도움이 될 수 있습니다.

70대 여성 환자분 한 분은 늘 입이 마르고, 조금만 움직여도 쉽게 피곤해진다고 하셨어요. 입맛도 없고, 체중도 점점 빠진다고 하시면서 경옥고를 원하셨습니다. 물론 경옥고는 진액을 보충하고 기력을 북돋는 데 탁월한 명방입니다. 하지만 아무리 좋은 보약이라도 몸이 그것을 잘 흡수하고 소화할 수 있어야 비로소 진짜 효과를 발휘합니다. 그래서 저는 먼저 장과 위장의 기능을 살펴보고, 소화기부터 안정시키는 치료를 진행했습니다. 기운이 허하다고 무조건 보하는 것이 아니라, 먼저 받아들일 수 있는 몸을 만드는 것이 우선이었지요. 장과 위장이 어느 정도 회복된 뒤, 경옥고를 처방했을 때 비로소 그 효과가 온전히 드러났습니다. 며칠 뒤 다시 내원하셨을 때, "몸이 덜 무겁고, 밥맛도 조금씩 돌아온다"라고 하셨습니다. 이처럼 경옥고처럼 훌륭한 보약도, 그에 앞선 준비 과정이 치료의 일부이며, 그 준비가 잘 되었을 때 비로소 보약도 제 역할을 할 수 있습니다.

결국, 면역이란 건 내 몸 안에 이미 존재하는 힘입니다. 억지로 끌어올리는 것이 아니라, 떨어졌을 때 다시 제자리에 돌려놓고, 흐트러진 리듬을 바로잡아주는 것. 그것이 진짜 면역 관리입니다. 특별한 보충보다 더 중요한 건, 내가 얼마나 잘 자고, 잘 먹고, 잘 배출하고 있는가를 돌아보는 일입니다. 몸은 언제나 정직합니다. 내가 어떻게 다루느냐에 따라 솔직하게 반응합니다.

면역은 우리 몸이 보내는 작은 신호에 귀 기울이는 것에서 시작합니다. 어쩌면 가장 기본적인 습관이, 가장 큰 면역의 힘이 될지도 모릅니다.

자율신경 실조 : 원인을 알 수 없는 몸의 이상, 여기에 있습니다

"병원에서는 아무 이상 없다고 하는데요…, 저는 너무 피곤하고 불안해요."

진료실에서 자주 듣는 이야기입니다. 검사는 다 정상이래요. 그런데 본인은 그렇지 않다고 느낍니다. 아침에 눈 뜨기 힘들고, 별일 없이 가슴이 두근거리고, 이유 없이 불안한데, 밤엔 잠이 오지 않고, 밥을 먹어도 속이 더부룩하고 시원치 않지요. "컨디션이 좀 안 좋은가 보다" 하고 넘기기엔 이 상태가 너무 오래 갑니다. 피로가 누적되고 집중이 안 되고, 어딘가 기운이 빠진 것 같은데, 또 어떤 날은 이유 없이 짜증이 나기도 합니다. 주변에서는 "다 스트레스 때문이겠지"라고 쉽게 말하지만, 본인은 그런 단순한 말로 설명되지 않는 뭔가가 있다는 걸 느낍니다.

이럴 때, 우리는 '자율신경 실조'라는 말을 떠올릴 수 있습니다. 조금 낯설 수도 있고, "그게 병명인가요?" 하고 되물으실 수도 있습니다. 사실 병명이라기보다 병적인 상태에 가까운 표현입니다. 몸을 조절하는 자동 장치가 어긋났다고 생각하면 이해하기 쉬울 겁니다.

우리 몸은 말 그대로 자동 조절 시스템 덩어리입니다. 밥을 먹으면 위가 알아서 소화하고, 밖이 덥거나 운동을 하면 땀이 나고, 피곤하면 졸음이 오고, 자려고 누우면 체온이 살짝 내려가며 몸이 준비를 하죠. 이런 모든 과정은 우리가 '의식하지 않아도' 자동으로 이뤄집니다. 그 중심에 있는 것이 바로 자율신경계입니다. 심장 박동, 혈압, 소화, 체온 조절, 감정의 진폭까지—우리의 일상을 매 순간 조용히 조절하고 있는 신경 체계지요.

그런데 이 자율신경계가 제대로 조율되지 않으면, 몸이 갑자기 낯설게 느껴집니다. 평소엔 아무렇지 않던 소리나 빛에도 민감해지고, 식사 후엔 배가 유독 더부룩하고, 머리는 맑지 않고 멍한 상태가 지속됩니다. 몸은 쉬고 싶은데 신경은 자꾸 긴장 상태를 유지하려 하고, 자려고 누우면 심장이 벌렁거리며 잠을 방해합니다. 이처럼 '이상은 없는데 이상한' 상태. 어찌 보면 현대인의 새로운 체질병이라고 할 수 있습니다.

이럴 때 한약은 확실한 해법이 될 수 있습니다. 자율신경계는 약 하나로 조절되는 구조가 아닙니다. 몸 전체의 흐름, 긴장의 정도, 체질적인 경향, 그리고 감정의 작용까지 함께 들여다봐야 조절이 가능하지요. 한약은 바로 이 전체적인 흐름을 조절하는 데 강점을 가집니다. 위로 치솟는 열을 내려주고, 차갑고 굳은 복부를 따뜻하게 풀어주며, 가슴과 배 사이에 막힌 감정을 흘러가게 만들어줍니다. 몸이 너무 뜨거워도 문제고, 너무 차가워도 문제가 됩니다. 그 미세한 온도차와 순환을 조절하는 데에 한약은 탁월한 도구입니다.

　실제로 30대 직장 여성 한 분이 진료실을 찾으셨습니다. 늘 피곤하고, 쉬어도 개운치 않고, 출근길에 가슴이 벌렁거리고, 밥은 잘 먹지 못하는데 속은 항상 더부룩하다고 했습니다. 병원에서는 심장 초음파, 내시경, 피검사까지 다 해봤지만 "정상입니다"라는 말뿐이었고, 결국엔 "신경성입니다"라는 말을 들었다고 하셨습니다. 그분은 교감신경이 항진된 상태였습니다. 늘 긴장된 채로 살다 보니 쉬는 법을 잊어버린 몸이 되어 있었던 거죠. 이분께는 마음을 편하게 먹으라는 말보다, 몸이 '편해지는 방향'으로 끌어줄 수 있는 처방이 필요했습니다. 그래서 한약을 중심으로 치료를 시작했습니다. 가슴의 열을 내려주고, 소화력을 안정시키며, 위장 기능을 강화하는 약을 사용했더니, 몇 주 지나지 않아 "요즘 덜 벌렁거려요. 밥도 조금씩 먹게 돼요." 라는 말을 들을 수 있었습니다. 그 뒤로 수면의 질도 조금씩 나아졌고, 가장 인상 깊었던 말은 "숨이 좀 편해졌어요."라는 한마디였습니다. 이건 단순한 약의 작용이라기보다, 흐름을 바꿔주는 치료의 효과라고 생각합니다.

수험생활 중인 고등학생 한 명도 기억에 남습니다. 평소에는 멀쩡하게 잘 지내다가도 시험이 다가오면 두통, 설사, 가슴 두근거림 같은 증상들이 한꺼번에 나타났습니다. 식사 후엔 속이 부글거리고, 손에는 땀이 자주 났으며, 집중도 되지 않는다고 했습니다. 병원에서는 "긴장성 위장장애" 정도로 설명하고 약을 줬지만, 반복되는 증상에 근본적인 해결은 되지 않았지요. 이 아이의 몸은 시험이라는 상황만 닥치면 스스로 교감신경을 과도하게 올리며 '비상 모드'로 들어가고 있었던 겁니다. 이때 사용한 한약은 단순히 위장만 다스리는 약이 아니라, 긴장된 신경 흐름을 부드럽게 풀어주고, 몸 전체를 안정시켜주는 방향으로 구성했습니다. 동시에 규칙적인 식사와 수면 습관을 만들 수 있도록 생활지도를 병행했고요. 몇 달 후 아이는 "이번 시험은 진짜 별일 없었어요" 하며 환하게 웃었습니다. 몸이 스스로 균형을 회복한 것이지요.

한약은 단지 증상을 억누르는 약이 아닙니다. 자율신경 실조처럼 병명은 없지만 온몸이 삐긋한 상태, 그 복잡하고 다면적인 흐름을 함께 볼 수 있기 때문에 오히려 이런 경우에 더욱 강한 힘을 발휘합니다. 한약은 복잡한 설계를 가진 몸을 다시 부드럽게 재조율하는 섬세한 도구입니다. 단순히 잠을 자게 만드는 수면제와는 다릅니다. 억누르는 것이 아니라 회복하게 하는, 방향을 되돌리는 약입니다.

자율신경 실조는 시간이 걸리는 상태입니다. 그만큼 치료도 꾸준히, 체계적으로 이어져야 합니다. 그런데 그 치료의 시작이 한약이라면, 그만큼 회복의 흐름도 자연스럽고 조화롭게 이어질 수 있습니다. 격한 스트레스를 받은 직후, 혹은 무기력한 상태가 오래 지속된 뒤라면 몸의 균형점이 무너져 있습니다. 그 균형점을 다시 찾게 해주는 데 있어, 저는 한약만큼 효과적인 방법을 아직 본 적이 없습니다.

혹시 요즘 이유 없이 불안하고, 잠을 자도 개운치 않고, 몸이 자꾸 말을 안 듣는 느낌이 드시나요? 병원 검사는 멀쩡한데 내 몸은 아닌 것 같다면, 그건 자율신경이 보내는 작은 신호일 수 있습니다. 그럴 땐 그저 참고 넘기지 마시고, 한 번쯤 한의원 문을 두드려보셨으면 합니다. 잘 맞는 한약은, 그런 신호를 다정하게 받아주고 몸을 제자리로 돌려주는 든든한 길잡이가 될 수 있습니다. 몸은 언제나 회복하고 싶어합니다. 단지, 그 방향을 잡아줄 치료가 필요할 뿐입니다. 그리고 그 역할을 한약이 할 수 있습니다. 여러분의 몸을 너무 오래 힘들게 하지 마세요. 회복은 생각보다 가까이 있습니다.

북큐레이션 • 건강과 행복, 경제적 자유를 추구하는 이들을 위한 책

《한의사 사용법》과 함께 읽으면 좋은 책. 새로운 변화의 축이 되는 사람으로 당신의 브랜딩을 돕습니다.

병원 경영의 효율화가 적극 요구되는 시대

MSO Ontology(온톨로지)

유하린 지음 | 18,000원

병원경영관리(MSO)의 본질(Ontology)을 새롭게 정의한다!
병원의 성장을 원한다면 새로운 시대의 병원경영관리에 주목하자.

언제나 그랬듯, 시대의 변화에 따라 요구되는 핵심가치를 충실하게 이행하고 변화를 두려워하지 않는 자들은 늘 진화의 새로운 정점에 올라섰다. 정부의 의대 정원 증가 이슈로 의료계 전반에서 개인병원의 경쟁 구도가 더없이 치열해질 것으로 점쳐지는 현실에서, 새로운 시대가 요구하는 병원경영관리의 본질을 정의하는 《MSO Ontology》의 의미는 더욱 절실하게 관심 독자들에게 다가갈 것으로 기대한다.

원하는 삶의 성취를 위한 현대인의 필수 조건

자기경영 헬스케어

정성훈 지음 | 23,000원

몸과 마음이 지친 현대인들을 위한 새로운 패러다임
삶에 대한 열정과 용기, 꿈을 불어넣는 〈자기경영 헬스케어〉

21세기 들어서 수많은 자기계발서가 쏟아져 나왔음에도 불구하고 현대인들의 몸과 마음은 갈수록 지쳐가고 있다. 이러한 시점에서 현대인들에게 가장 시급한 것은 바로 지친 육체와 정신의 건강을 스스로 관리할 수 있는 역량을 갖추는 것이다. 아울러 새로운 패러다임의 삶에 대한 열정과 용기 그리고 꿈과 희망이 필요하다. 그것이 바로 소진된 육체와 정신의 에너지를 스스로 충전하며, 심신통합 건강을 바탕으로 꿈과 목표를 실현하도록 돕는 〈자기경영 헬스케어〉가 필요한 시대적 이유이다. 그로 인해 스트레스, 우울증, 무기력, 번아웃 증후군, 자살 등의 사회적 질환이 예방되고 극복될 수 있다.

파워루틴핏

정세연 지음 | 19,500원

**파워루틴이 당신의 삶에
변화와 행복의 실행력을 불어넣을 것이다!**

행복해지고 싶고 이제는 좀 달라지고 싶지만 어디서부터 어떻게 시작해야 할지 모르겠다면, 파워 루틴핏으로 오늘이라는 계단을 올라보길 바란다. 한 번에 한 계단씩 천천히 행복하게 오를 수 있도록 파워 루틴 코치인 저자가 도와줄 것이다. 일상 속 사소하지만 중요한 고민들의 해답을 얻길 바라며, 이제 함께 파워 루틴핏을 시작해보자.
커리어 확장과 자아실현, 부의 루틴, 건강의 루틴을 통해 정체된 당신의 행동력에 생기를 불어넣고 성공적인 삶을 영위하고자 하는 독자에게 이 책의 일독을 권한다.

일상 속의 공식이자 실제적인 액션플랜

퍼스널 브랜딩 피부

남수현 지음 | 19,800원

**매력의 시대, 자신만의 퍼스널 브랜딩 피부에서 시작된다.
나를 바꾸는 또 하나의 무기, 《퍼스널 브랜딩 피부》**

이 책은 피부에 대한 이해와 올바른 관리 방법에 대한 정보를 제공하여 이러한 문제를 해결하고자 한다. 우리는 피부를 단순히 외모의 일부분으로만 보지 않고, 우리의 건강과 자아에 큰 영향을 미치는 중요한 요소로 인식해야 한다. 피부를 제대로 관리하고 건강하게 유지하는 것은 우리의 삶의 질을 향상하고, 자신감과 자존감을 높여줄 수 있는 중요한 요소이다.
피부에 대한 기본 구조와 각자의 피부에 맞는 적절한 관리 방법을 찾는 데 도움을 주어 피부와 관련된 다양한 문제에 대한 해결책을 제시하고, 누구나 실천만 한다면 건강하고 아름다운 피부를 가꾸는 방법을 터득할 것이다.

새로운 비주얼 경쟁력 강화법